大峯千日回峰行

修験道の荒行

塩沼亮潤
板橋興宗

春秋社

はじめに

朝起きて、
今日も一日よろしくお願いします、
と手を合わせ、
いいことをして、悪いことをしない。
そして、夜、何事もなく、
無事に終わったならば、
神さん、仏さんにありがとうございました、
と感謝をすること。
これが立派な信仰だと思うのです。

毎朝、白いご飯とあたたかい味噌汁が目の前に出てきます。ある日ある時、これは奇跡

だと気付いたのでありました。今まで当たり前に思ってきたことが、とても感謝に思えてならなかったのです。

日に三度のご飯が食べられ、空気も水も光も平等に与えられているのに、どうして人は不平不満ばかり言っているのだろう、と思ったのです。

しかし、十九歳の時、お坊さんになったばかりの時、それが感じられたかといえば、そうではありませんでした。

お山は、私にいろいろなことを教えてくれました。歩く道の石や木に、また鳥たちに愛情をそそぐと、それがかえってくる。これがわかるまで、お山で十年かかりました。

またお山で教わったことができるようになるまで、お坊さんになってから二十年もかかってしまいました。

そしてこのたび、生まれてはじめて自分の過去を振り返るご縁をいただきました。

このご縁をいただいた板橋興宗禅師さまには、こころより感謝申し上げます。わたくし自身、三十八歳でこのようなご縁をいただくとは夢にも思っておりませんでしたので、大変に恐縮しております。

振り返ってみれば、常に挫折と挑戦の繰り返しだったような気がいたします。何の勉強もしないままですので、何の知識もございません。しかし、私が今まで生かされて体験してきたことを、ありのままにお話をさせていただきました。

また、私には大きな夢がございます。人として生を受ければ、生きとし生けるものすべてが次の世に旅立つ日がございます。

その最後の一息まで小僧の気持ちで、「人生生涯、小僧のこころ」で人生を歩ませていただき、やがてお迎えがきて、あの世とやらに行った時に、「よくがんばってきましたね」と、たった一言でも、神さま仏さまからいただければ幸いと思います。

私なりの大きな夢にむかって今日もぼちぼちと歩んでいるのであります。

何らかのご縁でこの本を手にとってくださった皆様方に、こころより感謝申し上げます。

本当にありがとうございます。

二〇〇七年一月一日

塩沼亮潤

大峯千日回峰行——修験道の荒行

目次

大峯千日回峰行——修験道の荒行

プロローグ――二人の出会い

板橋　最初に、私と塩沼阿闍梨《あじゃり》さんとの出会いについて、そのいきさつからお話いたしましょう。ここに二通の手紙がありますが、そこからすべてが始まりました。

それは一九九九年九月十六日のことですが、たまたま読売新聞で千日回峰行《せんにちかいほうぎょう》満行《まんぎょう》の記事を読みました。その一カ月後に朝日新聞にも出ました。素晴らしい青年僧がいるなと思って、大変感激したのです。

その新聞を切り抜き、拡大コピーして、曹洞宗《そうとうしゅう》本山の総持寺《そうじじ》の廊下の、だれもが見えるところに貼っておきました。その後、その青年僧に私は「ラブレター」を書きたくなりまして、金峯山寺《きんぷせんじ》の住所あてに書いて投函したのです。

謹啓　初秋の候、突然のお便り、まことに失礼に存じます。平成十一年九月十六日付け読売新聞で、尊師の写真と記事を拝見し、いたく感銘いたしました。よくぞ出家なされ、このご修行に挑戦なされました。

さっそく拡大コピーして本山の廊下に貼り出しました。二百人ほどいる修行僧のうち、一人でも二人でも感奮してくれる者が出ることを、ほのかに期待してのことです。

ご出身が宮城県のようですね。私も同県の多賀城《たがじょう》の農家の長男ですから、ことのほか親近感と敬愛の念を抱いております。また、間もなく大修行にお入りのことと存じます。お体、万々、ご大切に、ご大切に。いつの日かお目にかかれる日を夢みております。この手紙が無事お手元に届き、私の気持ちを汲み取っていただければ幸いに存じます。

敬具

しかしながら、お返事はございませんでした。これは修行の途中だから仕方ないかな、と思っていました。ところが私の片思いの念はつのるばかりです。

その後、比叡山の酒井雄哉阿闍梨さんと対談する機会がありました。その時、塩沼阿闍梨さんのことを話しました。「ああ、あの人なら知ってます。いま仙台にいるらしいですね」とおっしゃるのですね。びっくりしました。それから、住所を尋ねて再度「ラブレター」を出すことにしました。

謹啓　突然のお便り、失礼いたします。実は尊師にお手紙をさしあげるのは二度目でございます。今から三年以上も前でしょうか、読売と朝日の新聞に、尊師の千日回峰行成満《じょうまん》の記事とお写真が載っておりました。その記事とお写真にいたく感激いたしました。当時、小生は曹洞宗大本山総持寺の貫首《かんしゅ》でありました。尊師の新聞を切り抜き、拡大コピーして総持寺の廊下に貼りだし、多くの修行僧に読んでもらうよう配慮しました。そして、金峯山寺気付けで尊師宛てに書信を投函いたしました。ご修行の最中だったのでしょう、ご返事はいただけませんでした。

ところが、最近、ある雑誌社の企画で酒井雄哉阿闍梨様と対談いたしました。その折も尊師の消息をお尋ねいたしました。小生は千日回峰行のような大修行をされた方を心から敬服しております。いろいろな思いで二度目のペンをとっている次第です。

お体、万々、ご大切に、ご大切に。ご精進のほど、はるかにご祈念申し上げます。

敬具

ところが、それにも返事がいただけませんでした（笑）。

塩沼　なんとも失礼なことを……。

板橋　いいえ、そうではないんです。普通なら他宗門の人からの手紙などはさっさと捨てられてしまうでしょう。今までその手紙を大切に持っていらした。私はこれを見て驚いたのです。ただの人じゃないなと。

たまたま去年の六月ごろに松島で講演があり、ある天台宗のお坊さん方にその話をしたら、阿闍梨さんのことをご存知だと言うでしょう。そんなご縁もあって何としてもと思い、このたびの宿縁がかないまして、お目にかかることができました。こちらに駆けつけて、ようやくお会いすることができました。

それが最初の出会いでございました。きちっと待っていてくださいまして、しかもこの二通の手紙をちゃんと机の上に置いておられるんですよ。保存しておいてくださった。その折りに、この手紙は今度、護摩《ごま》で焚いてください。どうかお忘れになってくださいと申しました（笑）。それからの仲なんです。

私は最初、窮屈な、偏屈な修行者なのかなという印象を抱いておりました。二度もふられちゃったわけですから（笑）。そうしたら、思いのほか、こうして親しくしていただき、多くの人々に門戸を開けておられる。なおさら敬服しましたね。

塩沼　二度もお便りをいただきながら、長らくご返信もせず、まことに失礼いたしました。行が終わったばかりのころは非常に多忙を極めておりました。二度目のときには、祖母が生きるか死ぬかの瀬戸際だったということもあります。加えて、お寺の建立の真っ最中でしたので、十日が三日ぐらいの感覚でずっと動いておりまして、あっと言う間に時間が過ぎまして、失礼をしておりました。

また私たち行者は、行の最中は人と話すことは禁止、手紙もだめ、新聞も雑誌もだめでございました。万が一親が死んでも、行者には知らせないという掟があるぐらい、世間と断絶しながら行をいたしますので、お手紙を差し上げる習慣がなかなか持てなかったということもございました。それで私は、二通の手紙をずっと手許に置きながら、いずれ機会があれば平謝りに謝って、禅師さまのもとへおうかがいするつもりでいたのです。それで大事に大事に保管しておりました。

板橋　われわれ禅門でも修行の規則はたくさんあります。ところが一定の修行期間が過ぎると裏道もけっこうあります。阿闍梨さんのところでは、われわれでは想像以上の厳しい修行を日常的にやられているわけですね。

塩沼　自分がそこまで志さなければ、それで一通り行を終えて帰るという人もたくさんおります。それはどこでも同じことだと思います。

板橋　昔から何千年来の規則があっても、厳しさを強制するわけではないんですね。千日回峰行のような厳しい修行をやっているのは今の仏教界では珍しいですね。心から敬服しているのです。

第一章　出家に至る日々——わが生い立ちの記

出家の動機とは

板橋　阿闍梨《あじゃり》さんはお寺のお生まれではないとお聞きしておりますが、どんなご縁で、しかもまた、千日回峰行ということまでなさったのでしょうか。

塩沼　いま考えますと、小さいころから自分の祖母と母親が非常に信心深かったのだと思います。ものごころついたときから、「近くの観音さんに行こう」とか、「近くの神社に行こう」とか手を引かれて、「悪いことしちゃいかんのやで。ええことせないかん。世の中の人のためになるような人間にならないかんのやで」とか、「実るほど、こうべをたれる稲穂かなというように、どんなにえらくなっても謙虚にするんだよ」というふうに育てられてきましたので、仏様、神様に対して手を合わせるということに何の違和感もなかったんですね。

小学校五年生のころ、NHKのテレビ番組で比叡山の酒井雄哉阿闍梨様の回峰行を拝見しまして、何かそれに吸い込まれるような気がして、自分の人生はこれだ、と思った記憶がよみがえります。

板橋　しかし、やはりそれだけでは厳しい千日回峰行を実際にやる動機としてちょっと弱いと思うんですが、いかがですか。

塩沼　ええ、いま自分で考えましても、どうしてこのような回峰行者になったのか、あるいはここまで苦行をするような行者になったのか、正直申しましてよくわかりません。

これはおそらく理屈ではなく、自分が心の中で何か人のお役に立ちたい、そのためには自分はどうしたらいいのか、というところから導き出された純粋な気持ち、ただそれだけではないかと思っています。ほかには何もなかったと思います。

私は昭和四十三年生まれですので、周りの友達はけっこう普通の生活をしておりましたけれども、自分自身の家庭環境はといいますと、父親は大酒飲みで、私が小さいころからずっと母親に暴力を振るうわけです。そのうえ給料はごまかしてほとんど入れない、最低限度の生活の中で、家も決して大きくなく友達も家に呼べないなど、けっこう不自由な生活をしておりました。そのせいでしょうか、貧乏に対する我慢強さというものは人よりも身に付いていたように思います。

しかし、そういうあまり豊かとは言えない生活の中で、多くの人たちに支えられてここまで成長することができましたので、人一倍何かしなければ、何とかご恩に報いなければ、自分が何とかしなければという思いは、幼いころから強かったのだと思います。

そして、常に祖母や母親から「何か世のため人のためになるような人間になれ」ということをずっと言われていたものですから、物はまったくなかったのですが、常に笑いがありました。心は豊かでした。このようなことが、もしかすると出家のきっかけ、原動力になったのではないかと思います。

板橋　テレビをご覧になって火がついたという感じですね。ご両親の仲が悪いというような家庭環境にありますと、大部分の者は、非行少年になりますね。

そのときに信仰に生きよう、人のために生きよう、しかも千日回峰行の酒井阿闍梨さんを見て感激する、これだぞという思いが心に響くというのは、やっぱり家庭環境と同時に、前生からというか、生まれる前からの因縁が熟したような感じがしますね。

家庭環境が荒れるとだめになるのに、そこで奮起して厳しい修行をやるというのは、本人の努力ばかりではなく、何か素晴らしい遺伝子のようなものを持っておられる方だなと思いますね。

生い立ち――貧・病・争の家庭生活

板橋　ところで、小中学校や高校時代のことで思い出深いことなどございましたら、お話いただけませんか。

塩沼　貧乏の思い出話が多いですね。物心ついたころから、うちは貧乏なんだということを認識せざるを得ないような状況でした。と申しますのは、今お寺に来ている人で、私が中学校のときにどういう生活をしていたかを知っている方がいまして、「今だから申しますけれども、当時、仙台市内であのような水準の生活をしている家庭があるのを見たときには、愕然としました」と言っておられました。

板橋　そんなにひどかったのですか。

塩沼　うちの母は私が小学校一年生のときから六年生までずっと心臓病をわずらって寝たきりだったんです。さらに、先ほども申しましたが、結婚した当時から父の暴力を受けていました。今でも親戚のおばさんたちが、昔は顔にあざをよくつくってたよね、といっては笑い話になっているくらいです。

うちの父は外面は非常によかったのですけれども、家に帰ってきて自分の思い通りにならないことがあると、暴れる、酒を飲むという人でした。そういう状況のなかで、祖母と母と私と三人で、和気あいあいとはしていたのですけれども、父には本当におびえながら暮らしておりました。

ひどいときには、母が髪の毛をつかまれて引きずり回された挙げ句、夜中にパジャマ一枚で外へ放り出されるということもあって、いまだに脳裏に焼きついております。

また、ご飯を食べているときにおもしろくないと、バーンと飯台《はんだい》を引っくり返すんです。祖母がびっくりして血圧が上がり、近所の町医者に運ばなければならないけれども車がなくて、真っ暗な夜に、母と三人で懐中電灯を持ってお医者さんに行きました。インターホンを鳴らしますと、お医者さんもわかっていたのか、どうぞと言って入れてくれました。

小学校三、四年生のころは、ずっと母も寝たきりでして、友達の家にお世話になることが多かったですね。一年の三分の二ぐらいは近所の友達の家でご飯を食べたり、お風呂に入れてもらったりしました。家にはお風呂がなく、週に二度ほど銭湯に行っていました。このように友達の家でお風呂をもらったり、ご飯をもらったり、みんなで助け合って、私を育ててくれたんです。

そういう生活をしてきて、でも自分自身は、学校でも明るかったようです。しかし、生まれつき身体は弱かったのです。と申しますのは、母と私がお産のときにどっちも助からないでしょうと言われ、ものすごい難産だったからでもあります。よくはわからないですけれども、破水というのが朝で、生まれたのが夕方だったと聞いています。

最後は母は何でもいいから好きなものを食べるようにと言われ、「どっちもだめかもしれません」とまで言われていましたが、そこの産婦人科の先生が非常に信仰心のある方で、神棚から御神酒をもってくるように看護婦さんに言って、その御神酒をお腹に塗って、口にふくんでフーッと吹いたら、私がポロッと生まれたのだそうです。

ところが、母は産後の肥立《ひだ》ちが悪く、身体が弱くなっているところに、父親の暴力がありましたから、どんどん衰弱していきました。私もまた非常に身体が弱くて、お医者さんのカルテがこんなに厚くなるぐらい弱かったんです。

私が中学校に入って、二年生になったころに、性格的にもちょっと暗くなりかけた時期がありました。親戚が見るに見かねて、そろそろいいんじゃないかと離婚話が出たんです。父は「今ここに離婚用紙があるならいつでも離婚してやる」と言って、うちの親戚がたまたま用意して持っていた書類にはんこを押しまして。一月一日に離婚話が出て、十五日に離婚して、二月一日に私が母の籍に入ったんです。

そのとき、母と祖母と私と三人でいたときに、母が机の上に三千円を出して、「うちにはこれだけしかない。ましてやあんな父ちゃんから月々のいろいろなものをもらうのもいやだ。自分たち三人で何がなくとも頑張っていこう」と言って、私を連れて近所のスーパーに行って、なべやらまな板やらを全部買ってきたのを今でも覚えています。

そして何もないところからスタートしたわけです。父がほとんどの家財道具を持っていきましたが、家だけは祖母の家でしたので助かりました。八畳一間、六畳一間、二つの部屋でお風呂もありません。みんなで三人、肩寄せ合いながら生活したんです。

でも、不思議と人がよく寄ってきました。母の兄弟も寄ってきます。近所の人もよく遊びに来ておりました。当然収入もない。祖母の年金やら何やらの寄せ集めで、近所の人やら親戚やら、みんなそういう人たちが「これ食べて」「あれ食べて」と言って、みんなで私たちを育ててくれました。

パチンコで家計を助ける？——中学の頃

塩沼　正直申し上げますと、中学校のときには私はパチンコ屋に行ってました。

板橋　中学生がパチンコ屋ですか？

塩沼　パチンコ屋に行って、まず小さい小箱を持って床に落ちているパチンコの玉を拾うわけです。子供のやることですから、その当時はだれも怒りません。それで拾って玉が箱の底に一列集まると、それを入れて打つわけです。

　ここが職人技なんですけれども、一気に使うとすぐ玉がなくなりますので、飛行機という台をうまいこと角の一番目のところに当てて、ちょっと間を置いてうまく打つと、パンと開いたところにパンパンと入るわけです。

　パチンコ屋に行くと、ほぼ十《じゅっ》中《ちゅう》八九《はっく》、景品を取って帰ってきました。それが私の

「困ったときにはパチンコ屋」ということで、味噌、米、醤油、砂糖など……(笑)。

板橋　チョコレートとかガムじゃなくて、味噌、米、醤油ですか。

塩沼　「母ちゃん、こんなん出たよ」、「おお、でかした」って(笑)。

板橋　これはおもしろい。パチンコですか……。

塩沼　でも、あまりいいことではないですよね。

板橋　パチンコの玉を拾うというのは私は実感がないんですが、そのへんに落ちているものなんですか。

塩沼　打っていると、こぼれ落ちるんですね。大人の人は夢中になってますので一つ二つだとみんな拾わないんです。そういう落ちている玉を拾っていくんです。常連のおじさんたちと仲良くなると、「兄ちゃん、やるわ」と言っていっぱいくれます。そうやっていると、たまにパチンコ屋の店員さんが、よっぽどこの子、生活がひどいんだろうなと思うんでしょうね、開放台というのをくれるんです。

板橋　開放台って何ですか?

塩沼　開きのいい台が特別にあるんです、客寄せのために。それをもらうと大きい箱で半分ぐらいとれるんです。それで「おじちゃんありがとう」って。でもお金には一回も変えたことがなかった。なぜかわからないけど、景品だけでした。生活がかかっていましたから、必死だったんですね。

板橋　パチンコ屋のおじさんも同情してくれたんですね。

塩沼　とても可愛がってくれました。そんなこんなでパチンコ屋に出入りしていましたので、高校一年生のときにこんなことがあったんです。試験をしていたときに、見回りに来た先生が、私の耳元で「耳鳴りしてないか」と言うんです。私は何も分からず解答用紙に答えを書きながら何でこんなこと言うんだろうなと思ったんですね。その後でもう一度まわってきた時に「チーンジャラジャラっていわないか」と私の耳元でこそっと一言だけ言って、帰っていくんです。

そのときは意味が本当にわからなかったんです。パチンコは悪いことだと思いませんから。またカリカリと書いていたら、「次にやったら停学だからな。パチンコＡＢＣ」とパチンコ屋の店の名前まで言われたんです。それで、高校ではパチンコはだめなんだということがわかりました。

板橋　先生は知っておられた。もう有名になっていたんですね。

塩沼　実はその先生が常連だったんです（笑）。それで私は悪いことだと思わないので、パチンコ屋に制服のまま入っちゃったんですね。制服で玉拾いをやっていたんですね。それでいつものごとく景品を取って。

後で聞くと、二、三度私のそういう光景を見て、後をつけたらしいんです。景品を現金に変えたところでお縄という段取りだったらしいんですけれども、いつ見ても、米、味噌、醤油でしょう。何なんだろうかと。

板橋　それで警告を受けたんですね。学校ではパチンコ禁止でしょうからね。

塩沼　警告を受けたんですけれども、やめるわけにいかないですから。一家の家計がかかっているわけです。それで、学校の先生もあきらめたんでしょうね。「おう、きょうは出ているか」、「バンバン出てますよ」みたいな感じで（笑）。

板橋　先生も事情がわかってきたんでしょうね。それで、まあしょうがないかと。

塩沼　ええ。その先生は当時悩みを抱えていたんです。奥さんが病気で三年も入院していまして。いつも一人でご飯を食べていたんですね。「先生、一緒にご飯を食べようよ」って、うちに来てもらったんです。当時、その先生は二十五歳でした。英語の先生です。それでうちに来ているうちにだんだん仲良くなって（笑）。

お金がない、米、味噌、醤油も大変なくせに、うちの母は毎晩のように自分の息子にビールをつけていたんです。「よーし、きょうも一杯やるか」って感じで（笑）。

板橋　それはどういうことですか。

塩沼　親が見ているところだったら、酒でもビールでもたばこでも、何でもやっていいんです。ただし、見ていないところでやったものに関しては、一切私は責任は負わないと。そんなことでしたから、みんなうちに集まってくるおっちゃんとかおばちゃんとか、みんな酒好きな人が集まるものですから、そこで宴会が毎晩のように始まるわけです。

しまいには先生も一緒に入って、みんなでアハハ、オホホと楽しく過ごして、先生はお酒が弱いので、そこで寝てしまうんです。家から学校に行ったりしたこともありました(笑)。

板橋　それは破格ですね。だいたいそのころで酒を飲む、たばこを吸うというのは……。

塩沼　でも、私はたばこは一切吸わなかったです。匂いが嫌いなので。

板橋　しかし、お母さんは酒を飲んでいいと？　お母さんは好きなんですか。

塩沼　当時は飲んでいました。もう体調もよくなって。そこでみんなで寄せ集まって。

板橋　でも、そのころも相変わらず家は貧乏だったわけでしょう。

塩沼　貧乏です。でも、お酒と笑いと人情は不思議とあったんですよ。

板橋　そうすると、お金は阿闍梨さんがパチンコでかせいでくる以外は……。

塩沼　あとは祖母の年金とか、近所の人とか、おばちゃんが月々私に小遣いをくれるのがあって。私も中学校二年生からアルバイトをしていました。バイトは喫茶店でウエイターをしておりました。長町駅前に喫茶店があったんです。

知り合いがいまして、私が中学校二年生のときに親が離婚したということを聞いて、じゃあお小遣いもないだろう、家計も大変だろうということで、うちにバイトに来なさいと言ってくれたんです。四キロの道を自転車で通い、時給は四百円で日曜の午前の十一時から三時間働いて、一日千二百円でした。

お客さんの中には、自分のほしいものを買いなさいと助けてくれる人もいました。午後の二時に終わるとき、週に一回だけカツ丼とコーラをもらえたんですが、それが最高の楽しみでした。

板橋　でも、非行少年にはならなかったのですね。

塩沼　うちの母が明るかったですから。集まってくる人たちがみんな楽しかった。

板橋　親の前なら飲んでいいよという親は普通いませんね。高校生にね。でも、かえってそういうのがよかったんですね。

塩沼　その代わり、どこかで悪いことをして、お巡りさんにやっかいになるようなことがあっても、一切、絶対に行かないからね。相手にしないから、すべて自分の責任において行動しなさいと。

板橋　お話をうかがっていると、肝っ玉おっかチャンですね。まあ、宴会やっていたぐらいだから、三度のご飯に事欠くようなことはなかったわけですね（笑）。

塩沼　ええ。みんながいろいろなものを持ち寄ってくれましたからね。ですから、後に吉野に行って修行したとき、修行僧の仲間はみんなしんどいと口癖のように言っていたのですけれども、私はものすごく幸せでした。ご飯はおいしいし、部屋も八畳で二人なので、何の不自由もありません。しかも、暖房もありました。

板橋　私、ちょっと直感するんですが、本当に財産もなくて、貧乏でパチンコ玉を拾うだけで生活するようだったら、いまの阿闍梨さんは生まれなかったと思いますね。

　本当に赤貧洗うがごとしというか、落ちぶれた状況ですと、心まで貧しく荒れてしまうものでしょう。子どもにまで影響したと思いますね。だけど、おばあさんやらお母さんに温かい心があるから、みんなの心にゆとりがあったと思うんです。心まで貧しかったら、現在の阿闍梨さんの存在はないと思います。

疾風怒濤の高校時代

塩沼　小学校、中学校と勉強は全然しなかったんです。中学校では、ビリから二番目でした。

板橋　ビリから二番目というのも難しいですね。

塩沼　ええ、一番ビリではないんです。一番ビリは私の親友です。困ったのが高校に行くときなんですね。とにかく試験は受けなきゃだめだよと言われて、仙台育英高校、東北高校と書いて、公立高校は仙台南高校と書いて出したんです。育英高校と東北高校は入ったんですけれども、南高校は入れるわけがない。

勉強していないので、試験問題がチンプンカンプン、何が書いてあるのか全然わからないんです。これは絶対に落ちるだろうなと思っていたんですけれども、試験に行くときに二回奇跡があったんです。

東北高校のときには、コンセントに足が引っかかったんです。育英高校のときも意識しなかったけれど引っかかったんです。それで引っかかる（笑）。南高校のときは大雪で、愛宕山の坂を下るときに滑って転んだ。ああ、これはすべったな（笑）。

板橋　それは話が出来過ぎていませんか（笑）。

塩沼　うちの親戚とか、いつも来ているおばちゃんとかが、合格発表の日、どうだったって。見事に滑ったよと言ったら、よーしお祝いしようかって、お酒が出てくるんですよね（笑）。

板橋　いいお宅ですね。でも理解に苦しみますね（笑）。

塩沼　落ちた祝いに、と。そんなことでした。

板橋　東北高校や仙台育英高校といえば、スポーツでも有名校ですね。

塩沼　人生が一変したのは、東北高校の阿部二三男先生に出会ったときです。仙台では少林寺拳法で一番の大家でした。師範の中でも一番の方ですごい技を持っているんです。

その先生が、普通科一年六組だったんですけれども、放課後、「塩沼、ちょっと来い」と言われました。高校のときにはいたずらばかりしていたので、また怒られるのかなと思って行ったら、「おまえ、見てみろ、この知能指数」と。私はわからないんですけれども、「おまえ、すごいぞ」と言われまして。

板橋　ほう、学校の学科のテストではなく知能指数が高いと。

塩沼　ええ。なのに中学ではビリから二番だったものですから、「一回努力してごらん」と言われましてね。勉強するきっかけを作ってくれた先生だと思います。後から知能指数と勉強とは関係ないんだという話も聞くんですけれども、「やってごらん」と言われた、何かその言葉が胸に響いて、それが勉強するきっかけになりましたね。

あそこは生徒は何千人といるんですが、勉強に打ち込んだら全校で二番目まで一気に上り詰めたんです。

板橋　ええ？　ちょっと待ってください。ビリから二番目でしょう。思いを入れ替えたら、いきなり上から二番目になったんですか。

塩沼　ええ。いつも二番目、どちらも一番ではなかったんです。今度は修行で極めようかと思いまして（笑）。

板橋　仏教はお釈迦様の次の二番目でよいのですよ（笑）。

塩沼　なるほど、二番目でいい（笑）。中学校のときはそういう状況でしたので、運動もしていませんでした。クラブ活動もしていなかった。高校に入ったときに、何か入らないとだめだよと言われて。東北高校は全員が運動部に入るんです。あとでやめてもいいけど一度は入るという慣習があったんです。

じゃあ、何がいいかと言ったら、楽なのがいい。悪い友達がいて、テニス部は一番楽だよって。それで入ったんですが、ところが毎日毎日厳しくて。バレー部、野球部の次に厳しかったんです。運動なんてあまりしていませんでしたので大変でした。

で、いろんな人間関係の悩みもあったりしまして、一時間目の休み時間に、主将に、「すみません、やめさせていただきます」と言ったんです。それが二時間目が始まったときに、どうもやめたと言った自分に何か不完全燃焼というか煮えきらないものを感じまして、二時間目の休み時間に、「すみません、さっきの撤回します。やります」と言いに行ったんです。

そこから火がついたように練習に励みました。中学校で経験していなかったので、本当はあまり上手になれないんですけれども、毎日毎日練習して、副キャプテンまでいきました。そこでも二番目だったんですね（笑）。

板橋　レギュラーになって副キャプテンまでいった。うーん、文武両道ですね。

塩沼　とにかくそのころから負けず嫌いの気持ちにパッと火がついて、だれにも負けたくないという気持ちが培《つちか》われたんだと思います。

ですから、東北高校にはものすごく感謝しています。そのかわり、ひたすら授業妨害とか先生を困らせるようなこともたくさんさせていただきまして（笑）。

板橋　そのころから、どこか頭の片隅には千日回峰行というのはありましたか。

塩沼　ええ。ずっと酒井阿闍梨様のテレビを拝見してから、自分は将来、回峰行者になりたい。白装束を着けて山々をめぐって、そういう行をする行者になるんだという純粋な気持ち、これが中学校、高校と学生生活を続けていても、どこか頭の片隅にあったんですね。それがずっと離れないんです。高校三年生になっても離れない。

それまでに自分は、回峰行で一日五十キロの山道を歩かなければならないことを知っておりましたので、足腰を十分に鍛えておかなければならないと思いまして、四キロある高校から家までの距離を、教科書の入ったリュックを背負い、雨の日も、風の日も、雪の日も毎日、走って行って、走って帰ってくるということを続けました。もちろん、クラブ活動でも強くなりたくて、持久力をつけたくて走っていたということもありますが。

いよいよ自分の将来の進路を決めなければならないという高校三年生のとき、自分は千日回峰行者にならなければならない。どうしても行きたいという気持ちがどんどん高まってきまして、比叡山に行こうかと決めたところで、金峯山寺《きんぷせんじ》の「寺報」をたまたま知り合いからいただきまして、奈良の吉野山でも千日回峰行を満行《まんぎょう》した人がいることを知りました。

これは何だろうと思って、よくよく読んでみたら非常に距離も長く、非常に厳しく、標高差もある、そういうこともずっと調べていった結果、ここでどっちの道に決めるべきか、比叡山なのか、吉野山なのか。答えは明白でして、自分が楽だと思う方を選んでしまったら一生後悔すると思いましたので、迷わず金峯山寺の門を叩くことにしたのです。

板橋　そうですか。酒井阿闍梨は比叡山なのに、どうして吉野山の金峯山寺の方に入られたのかと誰でも不思議に思われると思うのですが、そういういきさつがあったのですね。

吉野の方が行程としても長いし、あまりだれもやっていないということと、行としては非常に厳しいらしい。そこをわざわざ選んだというのはなぜだろうと思っていました。私なら同じ回峰行をやるなら、ゆるやかなほうをやりますね（笑）。

もうそのころになれば身体はじょうぶになりましたよね。

塩沼　ええ、鉄の身体と言われるぐらいにじょうぶになっていました（笑）。制服は、授業中はもったいないので部室に置きっぱなし、一日中ジャージ姿、夏はパンツ一枚にネクタイ、冬は全員が柔道を習わされるので、柔道着をつけて授業を受けていまして、名物男になりました。

板橋　おもしろいですね。修行の話を聞く前に、こんなにおもしろい人とは。単なる偶然ではないですね。ビリから二番目がトップから二番目になる。私らにはとてもできないことですね（笑）。不思議な人ですね。

第二章　破天荒の荒行——大峯千日回峰行①

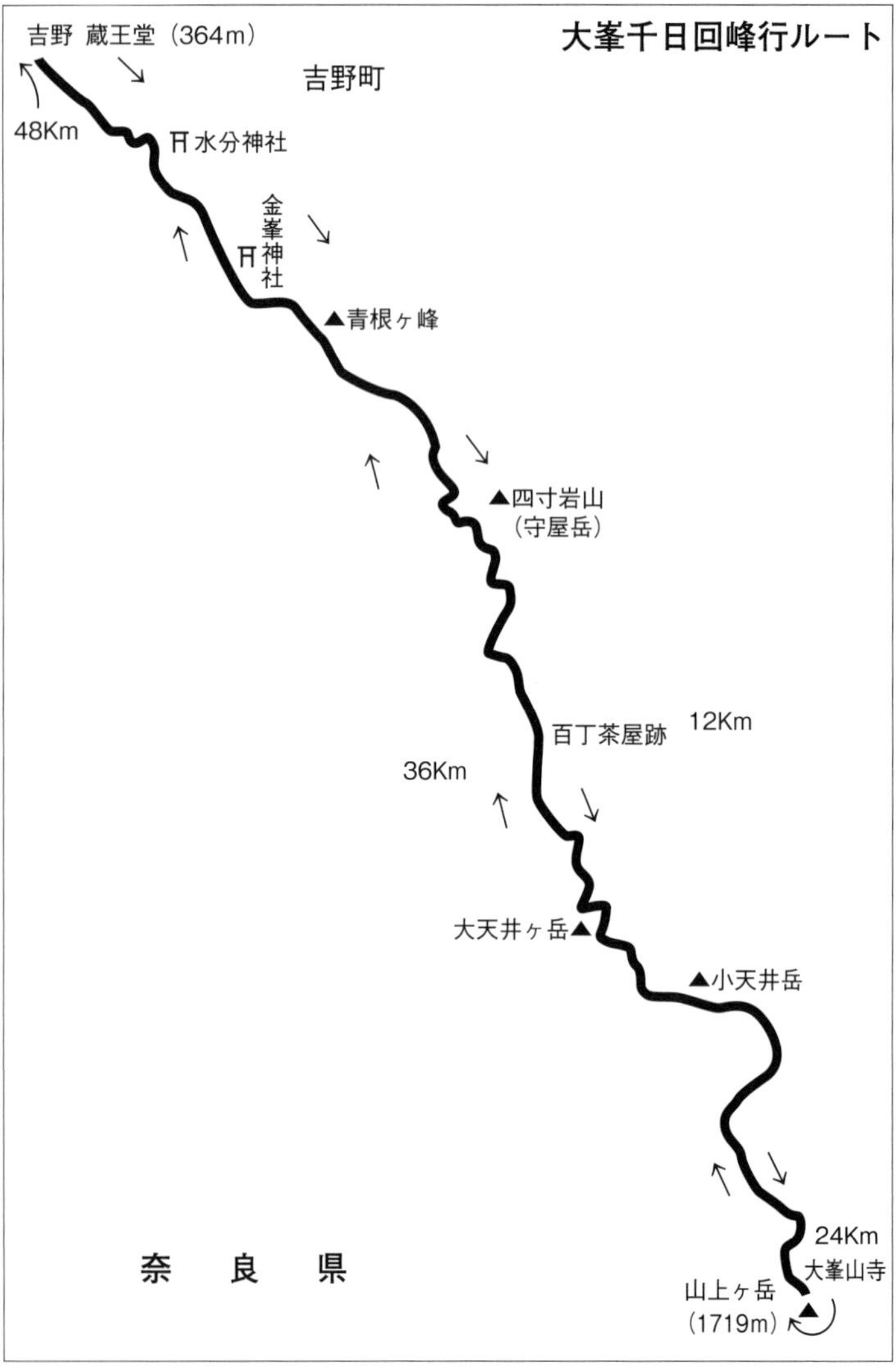
大峯千日回峰行ルート
吉野 蔵王堂（364m）
吉野町
48Km
水分神社
金峯神社
青根ヶ峰
四寸岩山
（守屋岳）
百丁茶屋跡
12Km
36Km
大天井ヶ岳
小天井岳
24Km
大峯山寺
山上ヶ岳
（1719m）
奈　良　県

金峯山寺で出家

板橋　いまおっしゃったように、高校を卒業するときに、吉野に行くという判断をなさったわけでしょうけれども、吉野へ行かなくてもいいというお考えはなかったんですか。

塩沼　まったくなかったです。右か左じゃなくて、右と決めたら右だけです。

板橋　しかし、東北高校は私学ですから学費が高いんじゃないですか。そのお金は大変だったのでしょう。

塩沼　ええ。欲しいものは買えなかったですね。中学校の同窓会があるといっても私服もなかったです。ジャージと制服しかなくて、制服は一年生から三年生まで、高校を卒業するときまで同じ物を着ていました。髪は生活指導室に行って先生にバリカンで刈ってもらってました。

板橋　高校を卒業されて吉野に行くまでに、一年間ありますね。

塩沼　私、仏教のことも全然知らずに、頭の中は回峰行だけでしたので、得度のことも知らなかったし、般若心経も知らなかったのです。しかも、なにぶん、そのときにはお金もございませんでした。旅費も僧衣も作務衣《さむえ》もすべてそろえてから来てくださいという条件がありましたので、とりあえずお金を貯めなければならないということになりました。
知り合いのところでアルバイトをしながら吉野へ行く旅費やら何やら、そういう資金を貯めて吉野山に入ったんです。毎年、六月六日が入行式ですが、一カ月余裕を持ってということで、昭和六十二年の五月六日に仏教のこともあまりよくわからないまま、吉野に入ったんです。

板橋　一年ほど資金を貯めるためにアルバイトをして、それからご本山の金峯《きんぷ》山寺《せんじ》のほうに入られたのですね。

塩沼　ええ、金峯山寺に四月におうかがいして、入学許可が降りたら来てくださいということになっていました。そうしている間に、修験行院《しゅげんぎょういん》(現・吉野学林)への入学許可がおりまして、五月六日に金峯山寺にお世話になることになりました。
五月六日早朝、目が覚めると台所でトントントンと音がしています。母は何も言わず、旅立ちだから味噌汁を飲んでいきなさいということでしょう、味噌汁を作ってくれました。その味噌汁の味は今でも覚えております。心の中では遠くはなれていく息子を心配していたはずです。しかし、一言も言わずに気丈にふるまう母でした。味噌汁を飲み終わると、私の茶碗や箸は全部ゴミ箱に捨てて、お前の帰って来る場所はない、しっかりと行じて来なさいと。ばあちゃんは縁側で外をむいて涙をこらえておりました。

私は、よっしゃ行って来るわとばかりに、元気に仙台を出発しました。お寺に到着した私は草履もなかったものですから、革靴のまま作務衣を着せられて（笑）。いますぐこちらにと言われて、明日、得度式だから得度を受けて、ということで剃髪しまして、もうツルツルに頭を剃ってから行ったんです。そうして得度を受けまして、次の日から、これをしてください、あれをしてくださいという感じで、作務を毎日毎日続けました。

板橋　ご本山内の塔頭《たっちゅう》寺院に入るということではないのですね。

塩沼　金峯山寺の修行僧として入りました。昔は百二十数カ寺の塔頭寺院、護持院があったらしいのですけれども、明治の廃仏毀釈で全部壊されました。今は五、六カ所ほどです。

板橋　そうしますと、金峯山寺での修行は、阿闍梨様お一人ではなかったのでしょうね。

塩沼　ええ、同期に五人おりました。

板橋　そこで修行が始まるわけですね。朝から寝るまで修行というか、それは習学のカリキュラムのある学校のようなものでしょうか。

塩沼　まるきり修行のような感じです。「じゃあ、ほうきを持って、雑巾を持って」と言われて、日々の作務が当時の私の仕事でした。十九歳でした。それから、三年、四年とずっと自分の仕事は朝昼晩、掃除と草刈りばかりでした。それでまた、漢文、仏教学、弓道、書道、茶道、声明《しょうみょう》、悉曇《しったん》と、いろいろな勉強をさせていただきながら、朝夕の勤行をしながら、大きな修行、小さな修行をコツコツと積み上げて、やっと回峰行ができるようになったということで、回峰行に入行《にゅうぎょう》することになるのです。

人生の岐路に

板橋　掃除というのは日本の文化ですね。文化ですけれども、それはだれでも大切なことだとは知っていますが、実行する人はそう多くはないですね。私などはそうあるべきだと知りながらやりませんから（笑）。

　いや、やりたくないんじゃなくて、やらなきゃならんと思いながらも、やらないのですね。私の場合をちょっと申し上げますが、こうあらねばならない、やりたい、やりたいと言いながらやらない。自分の弱さを痛感しているので私はお坊さんの道に身を投じたのです。修行の道場に入ればやらざるを得ませんから。気ままな行動が許されない道場に自分から入り込んだのです。

　それでいままでずっと修行の道場だけを歩いてきました。修行が好きだからじゃないんです。修行道場からはずれたら、なまくらになってしまうのです。自分が万年床を敷きながら、こんなはずじゃない、こんなはずじゃないということになってしまいますからね。

みんなと同じ修行道場にいれば、早く起きろ、何をしろとやるのは当然ですから、私は、自ら修行の道場に飛び込んで、あまりぐれないように努力している現在です。

それを強固な意志を確かめるように回峰行に挑戦されるとは敬服します。私とは本質的に違いますね（笑）。やはり何か人生の決断があるのではございませんか。

塩沼　誰にも必ず人生の岐路というものがございます。朝、起きてもこっちにしようか、あっちにしようか、右か左か、人間が決断しなきゃならないことはたくさんあると思うんです。

ところが、右でも左でもどっちでもいいじゃないかということもあります。例えば、右へ行ったらストレートに目的地に到着できるかもしれない。ところが、左へ行ったがゆえにちょっとそれてしまったけれども、同じところに着くことができた。人よりちょっと遠回りしてしまった。

でも、その分、痛い思い、つらい思い、苦しい思いをたくさんしますので、かえっていろいろな人に「こうやったらだめだよ」「ああやったら失敗するよ」といろいろなことを教えることができる。人間の幅が大きくなるわけですから、それも非常にラッキーなことだと思います。

ストレートに行くのもそれはそれで感謝ですし、回り道をしても感謝です。いい出会い、悪い出会い、どちらもやはり感謝していくことが、私たちお坊さんにとって一番大事なことであると思います。

板橋　自分の出会いが赤と出ても、黒と出ても、それを感謝と受けとめて一刻一刻を大事にする、これは宗教の極致です。人生の最高哲学でもあります。人それぞれ何かに感激する、感奮興起する、その人に備わったものがあるのではないかと思います。

ノーベル賞学者を見て、よし自分もノーベル賞を取ってやるぞと奮起する人もいるし、お坊さんを見てあの白装束に憧れる人もいます。あるいは棟方志功さんのように、ゴッホの絵を見て「おれはゴッホになるんだ、おれはゴッホになるんだ」と、絵をかくことはゴッホになることだと思ったと言っているんです。そのぐらいに夢中になる、感奮興起する。何かをやり遂げる人はうぶな純粋な感激性を根に持っていますね。

それはただ教育だけで、こうしなさい、ああしなさいというだけではどうにもならないものがあるような気がします。それに応じられない人はだめだとは言いませんけど、やはり何かに奮起する、自分なりに奮起するものを若い人たちは持ってほしいと期待しております。

何でもいいから、お百姓なら無農薬でやってみよう、あるいはお椀づくりなら金銭の問題でなく、いいものを作ってやろうという、そういう志ですね。この志がいまの世の中には足りないし、それを指導する人も少ないですね。「少年よ、大志を抱け」と。これは英語では「ボーイズ・ビー・アンビシャス（Boys be ambitious!）」ですね。そういうことが今はあまり言われなくなっている。時代も影響しているのでしょうが。

四度加行を満行する

板橋　六十三年十二月に四度加行《しどけぎょう》を満行されますね。四度加行というのはどんな修行なのですか。

塩沼　密教では、四度加行には四つの行があります。十八道《じゅうはちどう》、金剛界《こんごうかい》、胎蔵界《たいぞうかい》、護摩《ごま》、この四つの行法があるんですね。それを作法どおりに修法していきまして、一週間ずつやるんです。

さらに、その前行が一週間、最後に金峯山寺は柴燈護摩供《さいとうごまく》というのがございますので、それが三日間、全部で約四十日のお行があります。

これは五人全員で、吉野の不動堂というところに籠って、朝二時に起きて、お水取りをして、一日三回の修法をして、一日二回の精進の食事で行じます。

これが、四度加行です。五名で行じたら五名全員で満行いたします。そこではじめて僧侶として認められます。一人前のお坊さんの仲間入りができるのです。

百日回峰行

板橋　千日回峰行の前に、百日回峰行というのがございますね。具体的に、ご本山のほうから、百日回峰行をやってみて、それから千日回峰行をやってみなさいということになるわけですね。お師匠さんが本人の行動を見ているわけですか。

塩沼　ええ。ずっと小僧生活をしておりますから、たぶん自分の弟子の一挙手一投足を見ておられると思います。

修験行院と正行院《しょうぎょういん》の四年間は小僧生活をさせていただいて、平成三年になり、大行院《だいぎょういん》へ入学しました。そこでやっと、百日回峰行という行をできる順番がまわってまいりました。

板橋　ああ、やはり順番があるのですね。

塩沼　ええ。毎年一人という決まりがあります。私の同期はけっこう百日回峰行をしたいと発心《ほっしん》する若者が多かったので、私はその年、五人中の三番目ということで、先に先輩が二人、百日回峰行をしました。そうすると私の順番はどうしても平成三年になってしまいまして。

そうして自分の順番が来ましたので、「管長様、今年、大峯回峰行の百日をやりたいのですけれども、ぜひよろしくお願いいたします」。「じゃあ、頑張りなさい」ということで、平成三年に百日回峰行に入行することになりました。

板橋　それは実際はどういうものなのですか。

塩沼　吉野の百日回峰行は、合計で七十五往復しかいたしません。と申しますのは、はじめの一日からずっと日数を積み重ねていきまして、五十日いったところまでは「隔夜《かくや》」という行です。

吉野山を出発しまして二十四キロ先の大峯山頂に宿坊《しゅくぼう》がございますので、そこで一泊しまして、翌日に降りてくるわけです。二日で一往復ですから、五十日で二十五往復になります。後半の五十日は、一日で一往復しますから、全部で七十五往復になるのですが、日数的には百日ということで、百日回峰行と言われているのです。

なぜかといいますと、全行程四十八キロの吉野の山道は、距離が長いうえに高低差があり気温差もありますから、初年度から一日で往復するのはまず不可能と判断し、はじめはどんな人でも、どんな足の達者な人でも、一泊するようにという決まりになっております。

板橋　そうですか。百日とはいえ厳しい行なのですね。

塩沼　百日回峰行のはじめの五十日は笠と杖が使えません。あとの日参行《にっさんぎょう》になりますと笠と杖は使えますけれど。

板橋　そうしますと、最初の五十日、隔夜の行のときは、雨が降ろうが槍が降ろうが、かぶりものも杖もないということですね。初めての回峰行でいろいろあったと思いますが、百日回峰行の中で一番苦しかったことはどんなことですか。

塩沼　百日回峰行の中で苦しかったことは三つあります。まず一つは、行に入ってすぐだったのですけれども、どんな健脚な人でも必ず故障があると言われるとおり、身体的な苦痛がありました。吉野の場合、高低差が非常に厳しいことや、坂がきついことが理由かもしれません。

板橋　高低差はどのくらいですか。

塩沼　吉野山（蔵王堂《ざおうどう》）が三六四メートルで、大峯山が一七一九メートルです。

板橋　すごいですね。一四〇〇メートル近くの高低差がある。

塩沼　ええ。始まって一週間ぐらいのことですが、下りで膝《ひざ》に負担がかかったためか、右膝に水がたまり始めました。水がたまって、だんだん痛みがきつくなってきまして、とうとう足を引きずるぐらいひどくなりました。右足をかばって歩いていきますと、今度は左足が悪くなったりと……。両方に水がたまるぐらいなんです。もう足が全然曲げられない状態です。

明日どうやって行こう、どうやって行こうと思うのですけれども、やはり行かなければなりませんから。ふとんの中で涙が出てきます。足が痛いし、明日、行けるだろうかと、はじめのうちは不安もたくさんございます。そのうちに朝になって、めざましとともに目が覚めます。膝がはじめは動きませんけれども、無理に動かしていると激痛もやがて麻痺してきます。しかし、実際に坂道になったら、非常に痛い、苦しいということがあります。それも約六十日ぐらい続いたでしょうか。やっとひざの痛みも収まってきたころに、今度は歯の痛みが襲ってきました。これが二つ目の苦痛です。

虫歯がひどくなっていくんですね。どんどん虫歯がひどくなっていって、最後は神経のほうまでいって、一歩一歩歩くたびに、もう気を失うぐらいの痛さです。熱い物を食べても、痛い。ついにご飯が食べられない状態になりまして、噛むこと自体ができなくなりました。

いよいよ痛み止めの薬が必要になりまして、修行僧仲間に頼んで鎮痛剤を買ってきてもらいました。それが通常の量を飲んでも全然効かない。通常の二倍の量を飲んで、三十分後にようやく三十分間だけ効くという状態でした。山頂の宿坊に到着する三十分前に痛み止めを飲んで、傍目にはわからないように食事をして帰ってくるのですけれども、薬が切れて激痛が走ったとき、あまりのひどさに、道にそのまま倒れこんでしまいました。そのまま気を失っていたようですが、そのぐらいひどい状態の歯の痛みを経験いたしました。
そんな無理なことをやっているので、当然今度は胃がやられます。これが三つ目です。通常の倍も毎日毎日痛み止めを飲んでいるわけですから。そうして何も食べられないような状態になりました。それでも何とか乗り切っているうちに、あっという間に百日が終わったような気がいたします。百日回峰行は、勢いで乗り切ったような気がいたします。

板橋　文字通りの難行苦行ですね。本当に大変でしたね。

塩沼　私は、結局、平成三年五月三日に入行《にゅうぎょう》いたしまして、八月十日に満行《まんぎょう》いたしました。このとき二十三歳でした。

板橋　百日回峰行を満行された後で、吉野一山《いっさん》の持明院《じみょういん》の住職になられますね。

塩沼　ええ。先ほども申し上げましたが、昔、明治の廃仏毀釈以前は百二十数カ寺の寺院塔頭がありました。それが全部壊されましたので、本来あるべきお寺がありません。

板橋　廃寺にされた。打ち壊わされたのですね。

塩沼　しかし名前は残っておりますので、一山住職として「持明院」という院号を授けられます。また、自分の努力によって吉野にそういうお寺を作ってくださいということでもあります。

私はいま仙台の慈眼寺《じげんじ》の住職ですけれども、持明院の住職でもあります。私の後を継ぐ人に持明院を授けられるかというと、それは無理なのです。本山の一山住職ということで、私一代の持明院ということになります。これを拝命しましたのが、平成六年四月十五日のことです。

板橋　そうすると、持明院住職といっても名前だけで、お寺があるわけではないんですね。

塩沼　ええ。一山の住職の権利があるということです。

千日回峰行に入行する

板橋　百日回峰行を満行された翌年に、千日回峰行に入られますね。

塩沼　平成四年五月三日、念願の千日回峰行に入行いたしました。

板橋　千日回峰行の日程的なものについて少しお聞きしたいのですが、まさか千日間をぶっ続けでやるというようなことではないのですね。

塩沼　ええ。よく連続して千日間歩かれるのですかと、皆さんから聞かれることがございますが、そういうことではございません。

山を歩く期間は五月三日から九月二十二日までと決められているんです。その約四カ月を目途に百二十日を歩くわけですけれども、まず五月三日に大峯山の「戸開け式」という儀式がございます。
板橋　それは山開きのようなものでしょうか。
塩沼　ええ、山開きです。九月二十三日の「戸閉め式」以降、翌年の「戸開け式」が行われるまでの期間は危険ということです。
板橋　それは人間にとって、その期間中は気候的に難しいということでしょうか。
塩沼　ええ、大峯山では戸閉めのころ、すでに山頂には霜が降りはじめますので。八月十日を過ぎると山はもう秋になります。身体も非常に冷えてきますので、体力的な面からも、この四カ月を目途にというのが回峰行の決まりになっております。
板橋　そうしますと、それ以外の八カ月はどうされるんですか。
塩沼　四カ月間を行で過ごしまして、その後、年末にかけての四カ月で衰弱した身体を元に戻し、年明けの後の四カ月で、行に向けて体力づくりをするというのが、おおまかな一年のスケジュールになっております。
　毎年、回峰の行を終えて一週間の休みをいただいて、あとは作務に戻ります。ところが、血尿が出るぐらいまで極限まで身体をずっと追い込みますので、なかなか体調が戻らないのです。その年の行が終わりますと、けっこう心臓が、ご飯を食べていても不整脈になっ

吉野　水分神社境内

たり、ちょっと横にならないと元に戻らないような状態になったり、普通の生活に戻るまで数カ月はかかるんです。そして、年明けから四カ月でいろいろな用意をしながら体力づくりをしてということで、全部で九年がかりの行になります。

ちなみに、百日回峰行の百日は、後半の五十日が千日に加算されますが、前半の隔夜の五十日は加算されない決まりです。

板橋　一年で百二十日歩いて、九年がかりですか。そうして千日を行ずるわけですね。

回峰行の実際

板橋　千日回峰行について道のりの厳しさなどはもとより、もっと具体的にどんな道をどんな状況で修行されたのかということなど、お話しいただけますか。

塩沼　ええ、ではまず、行の内容を順にお話しさせていただきたいと思います。

朝は午前零時前に起床いたします。正確には午後十一時二十五分です。それから、まず滝行をあげます。

板橋　滝に打たれて身を浄める行ですね。

塩沼　ええ、五月三日頃ですと、摂氏三度とか四度という気温の中で、滝で身を浄めるの

です。それから、まずは長い階段を登らなければなりません。階段を約五百段ほど登ったところに吉野山の蔵王堂《ざおうどう》というお堂がございまして、その下に行者の参籠所《さんろうしょ》があります。そこで着替えをして、鈴懸《すずかけ》を身につけて山伏《やまぶし》の姿になります。ごはんは食べる時間がありませんので、小さく握ったおにぎりを二つ食べながら着替えをし、午前零時三十分過ぎに出発いたします。

蔵王堂を出発しまして、真っ暗いところを提灯一つで行くわけです。ずっと山を四キロほど登っていくと金峯《きんぷ》神社という神社がございます。そこからは舗装道路がいっさいございませんので、けもの道のような道をただひたすらに、チリンチリンと熊除けの鈴を鳴らしながら歩いて行くわけです。

午前五時ぐらいに夜が明けるのですけれども、それまでは山の西側をずっと通っておりますので非常に暗いわけです。危険な道がたくさんございまして、斜面もけっこうきつい。道は、足を十センチ右側に置いても転落の危険があるというくらい危ない場所がたくさんございます。

ましてや夏になってきますと、マムシもチョロチョロしておりますし、夜中でもイノシシがそこらじゅうに出ていたり、非常にやっかいなものです。

百丁茶屋《ひゃくちょうちゃや》跡《あと》というところで夜明けを迎えまして、そこで朝ご飯をいただき、ちょうど

大峯山頂付近 鎖の行場

片道の中間地点から大天井ヶ岳というさらに危険な山にずっと入っていくのです。

大峯山と吉野山の間には何十カ所も危険な橋があるんです。十センチぐらいの丸太を三本懸けただけの橋です。約十メートルぐらい、ちょうど谷になっているところ、そこにポンポンと懸けてあるだけなんですけれども、そういう橋は真ん中に行くとグラグラ揺れます。そこで雨が降ったら大変に滑りやすい。

それでもそういう橋を慎重に、なおかつ足早に渡ります。落ちたら大けがです。山頂近くの胸突き八丁や、「西の覗《のぞ》き」と呼ばれるような、鎖がかかっていたりする、そんなところをよじ登りながら、朝八時半ぐらいになりますと、ようやく大峯山の山頂、山上ヶ岳に到着いたします。

そこで早い昼ご飯をいただきまして、そこからまたずっと来た道を吉野山に向けて下ってくるわけです。午後三時三十分過ぎに吉野の蔵王堂に帰ってまいります。

板橋　そのご飯というのはおにぎりだけなのですか。

塩沼　おにぎりと水です。胃も非常に弱ってきていますので、もしそこに梅干しやほうじ茶を入れますと胃が荒れてくるんです。ですから、ご飯を口に含んで、お水を口に、ちょうどおかゆさんのようにして流し込んでやるのです。

板橋　おかずはまったくないんですか。

大峯山山頂　大峯山寺にて

塩沼　ありません。
板橋　梅干しすらもないわけですか。
塩沼　梅干しは食べてもいいんですけれども、酸味がきつくて胃がやられてしまいます。
板橋　おにぎりはどのぐらいの量なのですか。
塩沼　二つです。山から下りてくる時には四角い弁当箱にサランラップを敷きまして、おにぎりは握っている時間がありませんので、ごはんを詰め込むような感じになります。
板橋　その状態で全四十八キロを、夜中の零時半から午後の三時半まで、十五時間かけて大峯の山中を歩かれる。本当に破天荒な修行ですね。一日二十四時間のうち残りは九時間ですね。一日の睡眠時間はどのくらいですか。
塩沼　四、五時間です。残りの時間で出発する準備、帰って来てから次の日の準備、掃除、洗濯、身のまわりのことを全て行者は自分でやります。
　そんなことですから、栄養バランスという点では、まったく栄養失調状態になりますので、行が始まって一カ月ぐらいしますと爪がぼろぼろと割れてきたり、三カ月目になりますと、血尿が出たりもします。尿に血が混ざったりするわけですが、そういうふうに体力的にも限界に近い、非常に追い込まれたなかでの行になります。
板橋　それでもやるんですか。もう病人だから、栄養失調だからやめようかという気は起こさないんですね。

塩沼　ええ、ないんですね。行者というのは非常に追い込まれれば追い込まれるほど楽しくなってくるんですね。そのへんはみんな理解できないと思うんですけれども（笑）。

追い込まれれば追い込まれるほど、普通は自分自身をかばってしまうんですけれども、かばったらドツボにはまります。どんどん精神的にまいっていきます。追い込まれれば追い込まれるほど、自分ならできる、と自分自身を信じなければならないんです。それで、どんな困難も乗り越えられます。それしか自分たちにはありません、それが決めごとですから。

もし万が一、途中で行をやめるようなことがあったら、腰に巻いてあるひもで首をつるか、あるいは腰にさしてある短刀で自分の腹を切るか。死して行が終わるという定めの行なのです。

板橋　昔からそういう修行をされる人がいたのですね。

塩沼　比叡山のほうが歴史は古くて、回峰行の創始者である相応《そうおう》和尚の時代からこの行はずっと続いていると言われています。

板橋　死を決意して亡くなった方もいるんですか。

塩沼　ええ、昔、比叡山のほうでは亡くなった方もおられたと聞いております。しかし吉野では、私の知る限りおりません。

板橋　われわれが学ばなければならないところは、ここですね。ともすると、ちょっと体調が弱ったからといって、つい必要以上に身体を大事にしてしまうんですね。これではだめなんですね。一度引っ込み思案になって、これはだめだと思って、だめなほうに目を向けたら、本当にだめになってしまうんです。そういうとき、だめなほうに目を向けないで、よしやってやるぞと、いつも前向きの姿勢ですね。これが大事なんですね。

これがなかなかできないんですね。身体のことですから。ノーベル賞をもらうような人は、夜中でも研究をつづけるということがありますけれど、そんなに栄養も取らないで、血尿も出て、なおかつ体力を酷使することをやるというのは、本当に命を捨ててやるようなものですね。

唐突な例ですが、特攻隊は一度死んだら、それ以上は続けなくてもいいけれども、そういうぎりぎりのところを持続するんですからね。特攻隊は、ある意味で一瞬の決意で済みますけれども、この行は、持続しながら前向きに、絶対に後ろを振り向かないでいかなければなりませんね。ここは、私たち現代人が学ばなければならないところだと感じます。

砂をかむ――体調の辛く苦しかったこと

塩沼　そんな行の中でつらい思いをしたのは、十日で十一キロほど痩せたときでしょうか。お腹を冷やしてしまって、どんな薬を飲もうが下痢が止まらなくて。脱水症状になって、熱が三十九度以上に上がりました。何も食べられない状態です。ただ、水は飲まないと危険なので、コンビニエンスストアのビニール袋に二リットル入りの水を四本ぐらい持って、もうなりふりかまわずに出かけたことがありました。

水だけは飲まないとだめだと思って水だけを飲んでいました。何も食べられない状態で、食べると二時間ぐらいしたらすぐ出てくるような、完全にお腹が通った状態で、もうどうしようもなくなったときには、さすがにちょっとこたえました。四百九十日目から四百九十九日目まで続きましたね。今でも思い出すと、辛いものがあります。

板橋　十日ほど続いたんですか。

塩沼　十日で十一キロ痩せました。

板橋　水だけでしたか。それは大変でしたね。

塩沼　そのときまでは、砂をかむ苦しみと言うけれど、どういうものかと思っていました。

なりふりかまわず出かけて、ぼろぼろになって歩いている。時間も遅れているけれども、それでも行かなければならない。

意識が朦朧《もうろう》として、石につまずいてそのまま倒れ込んでしまったんです。ああ、これで終わりかと思って、砂をかむ苦しみというけれども、実際どんなものかと、ちょうど倒れ込んだ口元が砂地だったので、なめて砂をかじってみたんですね。そしたら、これがまずいんですね。こんな思いをするんだったらまだ十分いけるかもしれないと思って、また気を取り直して歩き出した記憶がございます。後にも先にも初めてですね、砂をかんだというのは（笑）。

板橋　ほんとに砂をかんだのですか。そういえば、山の高低差はさっきおっしゃったように千数百メートルぐらいありますね。そうすると、山の下は夏でも山の上では零下の温度ということもお聞きしましたが。

塩沼　五月三日に行が始まります。まずスタート時点で気温が摂氏三度ぐらい。そこでお滝行をして、上っていきます。だんだん山が高くなってきますと、上に樹氷が見えてきて、氷点下二度とか三度というときがあります。山上はまったくの冬、雪も積もっています。吹雪のときもあります。五月初旬ですので、奈良のほうはけっこう温かくなるんですね。五月中旬には三十度を越えることもあります。

板橋　すごい温度差なのですね。

塩沼　わずか五、六時間の間で、三十度の気温差、千メートル以上の標高差がありますので、始まったころは、暑いのか寒いのかだんだんわからなくなってきます。自分は温かいつもりなんですけれども、帰ってきて自分の鈴懸をほどこうとすると手が動かないんですね。身体の芯から冷えているような状態だと思うんですね。

そのときはほどいてくださいと言って、ほどいてもらうんですけれども、みんなはわからないんです。何でこんなに温かい陽気なのに、手がかじかんでいるんだろうと。

毎年のことだったんですけれども、行の始まり、始まって一週間とかすると鼻血が止まらなかった。歩いているときにワーッと鼻血が出てきて、日本手拭いが一本丸ごと赤くなるぐらいでした。それでも歩くことをやめることはできない。一分一秒がもったいないので、手拭いで押さえながら歩いておりました。

定時定刻に歩く

板橋　毎日、だいたい同じ時刻に、同じ地点を回られていたのですね。

塩沼　必ず定刻に、というのは自分の心の中で決めて、それを目標に歩いていました。

板橋　身体がよく持ちますね。人間のわざではありませんね。

塩沼　歴代の行者の中で一番足が早いと皆さんに言われたんです。たしかに回って帰ってくるのは早かったと思います。でも本当は、歴代行者の中で一番足が遅かったんです。

板橋　それはどういうことですか。

塩沼　皆さんは、一気にずっと飛ばされて、疲れてくるので休憩する。私はゆっくりボチボチというのが自分の精神だったので、ゆったり歩いて行って、その代わり休みを少なくする。そんなことで、ボチボチ、ボチボチ歩く。

例えば一時間かかる道を五十分で歩くとしたら、そうとうスピードをあげないと十分は短縮できないんですね。でも、自分が調子いいからといって一時間かかるところを五十分で行ったら、絶対にツケが回ってくるんですね。後でどっと疲れが出る。

一時間かかって歩く道は一時間かかって歩くのが一番いい。十分短縮したらそのツケが必ず回ってくる。ボチボチというのが一番いいのではなかろうかと思って、ボチボチ歩いていました。

板橋　それで定刻通りですね。夜中の十二時半に出て、午後の三時半に帰ってくるのでしたね。

塩沼　だから、ボチボチといっても、もちろん早歩きなんですけれども。

板橋　行中は、何カ所でお参りするんでしたか。
塩沼　行きと帰りを合わせて、百十八カ所です。神社や祠《ほこら》、一つ一つをお参りしながら行きます。
板橋　回峰行は、お参りする行でもあるわけですね。
塩沼　ええ。歩行禅、と私たちは聞いております。必ず腰を入れて、顎《あご》を引いて、姿勢を作って、それで呼吸をなるべく深くしてやる。そうすることによって精神が乱れない。雑念が入らずに歩くためには、まず姿勢からです。
板橋　やっぱり姿勢が悪いと雑念が入りますか。坐禅と同じですね。
塩沼　本当は遠くを見ていたいのですけれども、足元が非常に悪く木の根っこや岩がゴツゴツしておりますので、やはり下を見なきゃいけない。下を見るとどうしても、前屈みになって姿勢が悪くなる。
　そうなると、呼吸が乱れて、雑念が入ってしまうので、必ず腰を入れて、ある程度遠くと近くを見るようにする。精神がものすごく集中しているときは、遠くも近くも同じように見えます。足元まで見えますので、なるべくそういうふうに、自分自身が体調管理できるように、自分で自分の精神を常に平静に保っていく。
板橋　いま、ウォーキングがはやっていますね。それにも通用することですね。

塩沼　そう思います。

板橋　調子のいいときもあれば、調子の悪いときもある。胃をこわされた話もありましたが、そのときそのときで一日の歩きというのはずいぶん違うんでしょうね。

塩沼　気温、湿度、気候、毎日違うんです。わかりやすく言うと、その日の波があると思うのです。その波に自分がうまく乗れるように、自分自身を持っていく。

今日は何か調子が悪い、波長が合わないなと思うときに、何とかしてやろうと力むと、どんどん肩に力が入ってくるんです。そうすると山の思うつぼで、ドツボにはまってしまう。一生懸命歩いているつもりなんだけれども、いつもより五分遅い、十分遅い。絶対に早く歩いているんだけれど、気の焦り、精神の乱れ、身体の乱れ、呼吸の乱れ、がある。

そういう波に乗れないときには、どうにでもなれと一回坐って、バーンと泰然自若《たいぜんじじゃく》としているんです。仕切り直しをして、瞑想して、よしと気が乗ってきた頃合いに、またゆっくりゆっくり呼吸を合わせて、リズムを合わせて歩き始めると、元のペースに戻ることができる。

そういうことが長い間の中でできるようになって、ああそうか、こうすればいいんだ、ああすればいいんだと思ったころに、終わってしまいました（笑）。

板橋　あともう千日ぐらい行けるんじゃないですか（笑）。勝手なことといってごめんなさい。

塩沼　普通の日の勤行でも、今日の勤行は調子がいい。もう二時間でも三時間でも拝んでいたいという日もあるんです。でも、今日は調子が悪いな、のどの調子も良くないなという日もあるんです。

調子が悪いからといって、そこであきらめるのではなくて、調子が悪くても、昨日の勤行よりも今日の勤行、今日の勤行よりも明日の勤行という、日々向上する姿勢というのは、非常に大事だと思います。山も昨日より今日、今日より明日、なにか自分自身を向上させようという、貪欲な向上心が大切です。

はじめはできなかったんです。でも、だんだん行を重ねていくごとに、今日はだめだから……、ということがなくなりました。たしかにいい日、悪い日、必ずあります。良くても悪くても、最後は百点満点に自分自身がまとめられるか、まとめられないかというのは、自分の精神の持っていき方、気持ちの持っていき方次第です。

どんな日でも今日はよかったな、ということがだんだんできるように千日回峰行の中でなりました。それまでは、今日はだめだなと思って、そこで後手後手に回って、今日は三十点だ、四十点だと言っていたんですけれども、それが五百日くらいまで行ったときには、すでになくなっていたような気がします。

自分自身の問題です。身体の調子、精神の調子が悪いからといって、この大切な今日一日を無駄にするわけにはいかない。最後は何としても充実した一日に、百点満点にまとめることができるように、ということです。

風の匂い

板橋　深夜の十二時半に回峰行に出立なさるわけですが、戸を開けると雷に遭うだろうということが匂《にお》いでわかると、以前お聞きしたことがございますが、それは本当のことですか。

塩沼　ええ。例えば自分の宿坊《しゅくぼう》の戸をガラガラと開けますね。そのときの外の風の匂いというのが毎日違うんですよ。

板橋　それはどういう匂いがするのですか。

塩沼　外の山の匂いでしょうか、雰囲気というのでしょうか。自分の宿坊から出て、本坊から蔵王堂に上がるまでの五十メートルぐらいの坂があるのですが、そこの坂を目をつぶりながら登っていくんです。五百日を過ぎた頃からでしょうか、匂いと山の雰囲気を自分の身体の中に、深呼吸しながらすーっと取り込んでいくと、今日はだいたいこういう日になるだろうなと。どのへんで体調がどうなって、どのへんで気候がどうなって、ということがだいたいわかってくるんですね。

雷の場合は、独特の匂い。今日は雷が鳴るぞという匂いが鼻先でわかるんです。そういう日は、少しずつ少しずつ足を早めて、早め早めに歩くわけです。ほぼ百パーセントの確率で雷が鳴るんです。ただし、どこでいつごろ鳴るかというところまではわかりませんけれども、今日はだいたい雷が鳴るなということは、匂いで察知できますね。

板橋　山上で歩いている最中に雷が鳴ったら、どんな状況になるんですか。

塩沼　一番ひどかったときには、昼間でも懐中電灯をつけなければならないぐらいあたりが暗くなりまして、稲妻が真横に走るんですよ。

板橋　稲妻が、真横に走る。それはどんなことですか。

塩沼　稲妻は普通は天から降ってくるものなんですけど、真横からやってくるんです。もうどこに落ちるかわからない。ちょっと離れたところの岩が吹っ飛んだりしましたね。雷が落ちるぐらい怖いものはないですね。「地震、雷、火事、親父」というように、やはり雷というのはどこに落ちるかわかりませんので。

こういう平坦な土地では高い所や金属類に落ちると言われていますけれども、山はもう至るところに落ちまくりますからね。そういうときにはもうどうしようもないですから、ずっとうずくまって、雷が過ぎるのを待つしかありません。
板橋　そうすると、そのときはもう雨も土砂降りでしょうね。
塩沼　ええ、もちろん土砂降りです。土砂降りの中、自分の上にだけは落ちないようにと、ただ念じて祈って（笑）。
一番ひどい雷雲のときには、何かウィーンと音がしていたような感じになりまして、あのときばかりはもう、命が危ないかなと思いました。
板橋　台風も何日か前から予感がするとおっしゃってましたね。
塩沼　ええ。例えば台風何号が発生しましたと言われると、だいたい本州のほうに来る一週間ぐらい前から、山頂付近は台風の風が吹きますから。台風の風向きですとか、やはり風の匂いですとか、そういうもので、「今回の台風はちょっと危ないな」とか、「これは逸れていきそうだな」というのが、もう一週間ぐらい前にはわかります。
板橋　でも台風の最中でも歩くのですね。それはどんな状況なんですか。
塩沼　台風の最中でも、どんな状況でも、雨が降ろうと槍が降ろうと、いったん行が始まりましたら、もう休むことは許されませんので。
風の通り道というのがございますね。ひどいところでは、おそらく秒速四十メートルから五十メートルの風が吹いているんだと思います。直径十センチ、十五センチで長さが五

メートルぐらいの木がフワーッと舞っているんですからね。
板橋　それは宙を舞って、その後どうなるんですか。
塩沼　それが山肌に突き刺さります。あれはすごいなと思います。自分も、ある五十メートルぐらいの区間、風が非常に強いところがありまして、その区間を通るのに三十分ぐらいも通れずに難儀したことがあります。あまりにも風が強いために、いま行ったら吹き飛ばされるだろうと思い、ずっとうずくまって風が止むのを待って、風が止んできたところを一気に走っていきました。
板橋　太い木が空中を舞って山肌に刺さるんですか。
塩沼　ええ、それは生きた心地がしません。もう、ちょっとした枝なんて、頭にバタバタ落ちてきますしね。歩く道も、ちょうど山頂付近ではすり鉢状になっているんです。そこには雨が鉄砲水のように落ちてきますので、ひざより上、ひどいときは腰ぐらいまで水につかります。そこをよじ登っていくんです。
　山の尾根を歩くときにはそういう苦労をしますけれども、もっとひどいのが、山の中腹を巻いている道です。そこは斜面を歩きますので、崖崩れがあるんですね。
　七百日過ぎでしたが梅雨前線が停滞していたときに、ずっと中腹を登って行ったら突然道がなくなりました。幅にして五十メートルぐらい、一気にもう地滑りのように滑落しました。

板橋　それは目の前で起きたのですか。

塩沼　たぶん私が通る数十分前だと思うんです。

板橋　崩れた跡があるわけですね。

塩沼　ええ、まだぼろぼろと上から岩やら石やらがたくさん落ちてきて、鉄砲水がバーッと流れてきて、木もなぎ倒されて、自分はどうしたらいいんだろう、というところに追い込まれます。どうしたらいいのかと思うけれども、やはり行くしかないんですね。

板橋　行くしかないと。

塩沼　上へ回ろうと思っても、数百メートル上までやられていますから。下はもっときつい斜面ですし。ここを横断するのも非常に勇気がいる。崩れたばっかりで、また斜面がきついですから。どうしようかと思ったんですけれども、やはり行くしかないんです。

四歩、五歩歩き出したら、また自分と一緒に道が崩れていくという感じです。それで身体が埋まってきたりして、これはあぶないなと。これだったらもう自分が埋まってしまう。なぎ倒された木や枝にずっとしがみつきながら、やっと元の道に復帰したのですが、およそ三十分かかりました。ここは普通でしたら三十秒で行ける区間なんですよ。

板橋　しかし、これはまさに人生そのものですね。われわれは、そういう困難なことは、もうそれだけを理由にして「だからやめました」と言うんですね。「もう引き返しました」と。これは理屈が立ちますからね。「命あってのことでしょう。命まで引き換えに命令する人、だれがいますか」と言うのがわれわれ世間なんですが、そういうなかでも行かれるのですね。

目の前が崖崩れしてでも行かなきゃならない。これを自分で決めるんですね。もう、私たちには想像がつきませんね。そういうところに私は感激するんです。感激どころじゃない、驚きですね。人間ではありませんね。それをやってこられたのですね。頭が下がります。感奮させられます。

塩沼　しかし、私たち行者にとっては、ある意味、やらなきゃならないということが普通で、行って当たり前なんです。できなかったら「あの行者はなんだ……」と言われるだけですから。そういう世界なんです。

ですから、簡単な話、師匠に「山を歩きたいです」、「行ってこい」と、それきりなんで

百丁茶屋跡にて

す。こうしろ、ああしろ、と何も教えてくれない。全部自己管理です。そういう世界ですから、ある意味、自分を追い込もうと思ったらいくらでも追い込めて、かえって非常に楽しい行ができるわけです。

板橋　そういう行が楽しいと。

塩沼　ええ（笑）。

板橋　その苦しみの連続の中に、どんな楽しみが出てくるというのですか。

塩沼　自分を甘やかそうと思ったら、いくらでも甘やかせます。千日回峰行といいましても、手を抜こうと思ったらおそらく手を抜けるかもしれません。たしかに四十八キロを行って帰ってくるところは、みんなが見ています。大事なのは内容なのですけれども、その内容はいくらでもごまかすことができるのかもしれません。

でも、自分に正直に、一生後悔のないようにと思ったら、一歩一歩真剣に、ていねいに、あるいは素直に、正直に行じたいという気持ちになります。これはその行者のこころだと思うんです。

先ほど申し上げましたように、「師匠、この修行がやりたいです」、「やってこい。あとはお前に任せる」という、ある意味で自分の弟子を信頼する師匠の親心、それに自分がこたえていきたい。精一杯歩こうという気持ちでございます。

人間というのは、人の目はごまかせても、自分自身の心は絶対にごまかせません。どこで手を抜いたかというのは、自分が一番よくわかることだと思うんです。

ですから、甘やかそうと思えば甘やかせるけれども、一方で、行というのはあまりにも自分自身を追い込み過ぎたら死に至ってしまうわけです。死んでしまっては意味がありません。

死なないように、また甘やかさないように、ちょうどいい按配《あんばい》のところで、自分自身をずっとそこに、耳をすまして、心を研ぎ澄まして、自分自身というものを自分自身に問いただしていくんです。まだ出会えぬ自分に気付くために……。

それがある意味、こういう表現はどうかと思いますけれども、非常に心地よいのです。

板橋　心地よいと。うーん……。

塩沼　ええ、楽しいのです。四十八キロ歩かなければならないということは現実です。いろいろな行の最中、痛いことやけがなど、たくさん出てきます。一年の行の中で、身体が調子いいなというのはわずか一日ぐらいです。今日だったら二往復ぐらいできるなというのはほんの一日ぐらい。あとはどこか何がしかの故障やら、痛みやら、つらさをこらえながらの四カ月ですので、その中でいい按配で自分自身を見つめ直すということです。

ダイヤモンドはダイヤモンドでしか磨けません。自分の心というのは自分の心でしか磨けないと思うのです。ですから、懸命に打ち込む。そういうのは非常に楽しいですね。

板橋　その楽しさのほうをちょっと心理学的に言いますと、善いの、悪いの、愚痴とかそういうのがみんな落ちてしまうんですね。善し悪しのない、そういうものがみんな抜け落ちたところに、私の言葉で言うと、「いのち」そのものが現れるんですね。そこに喜びを実感されるのでしょうね。

われわれ人間は、普通生きていて、何となく愚痴っぽく、考えても仕方がないことを、グチグチ考えるのがくせですが、そのくせがはずれてしまうんですね。そうすると、痛さは痛さながらで、微笑みになる状況だろうと思います。苦しみは苦しみのままなんですが、それは身の安楽という意味での楽しさではないけれども、苦しさ、不安定さや辛さのなかで、つらさが「いのち」そのものになってしまうのですね。われわれ普通の人はそのつらさを頭でぐちぐち考えごととして、「いのち」をすりへらすのです。

塩沼　私も行をさせていただいて、一日四十八キロを往復して、ご飯も質素なものですが、そのなかで不幸だなどと思ったことは一度もありません。

ある日、涙が止まらなくなったことがあったんです。それは大雨のときでした。手に持っているにぎり飯が大雨で手から溶けて落ちていくような寒さのなか、笠をかぶって、風雨にさらされながらしゃがんで、そのにぎり飯をいただいたときがあったんです。

お加持を授ける

そのときに、自分はなんて幸せなんだろうと思いました。自分には三度三度食べる食事が目の前にある。帰ったらふとんもある、お風呂もある。でも、いまこういう時に、三度三度のご飯も食べられずに亡くなっている人がこの地球上にたくさんいる。そのことを考えると、自分はなんて幸せなんだろう、なんて幸せな仕事をさせていただいているんだろうと思って、泣けてきました。

自分の心で心を磨く、そういう尊い行をさせていただいて、さらにご飯を食べさせていただける。そう思って涙が止まらなくなったのです。

ですから、常に自分よりだれかもっと不幸な人がいるということが頭の片隅にあって、それを何とかしたい、何とかもっとみんな仲良く、住みよいこの地球になったらいいという思いが、もしかしたらあったかもしれません。そういう意味で私は幸せでした。

クマとマムシとイノシシと

板橋　ところで、さまざまな動物が山中にはたくさんいると思います。そういう者たちとの出会いとか、なにか体験をされたことはございますか。

塩沼　吉野はクマが多いので、ツキノワグマなんですけれども、これは注意しなさいと言われておりまして、実際に十数回、クマと出会いました。一度だけ、これは非常に危険だなと思うことがございました。

四百六十日目、山頂付近を歩いておりましたら、後ろから地響きのようなドンドンドンという音がするんです。何だろうと思って後ろを振り向いたら、なんとクマが十メートルぐらい後ろで私に襲って来るわけです。ウワアという感じで、とっさのことでまず逃げました。

そのときに、わずか数秒の間だったのですけれども、非常に冷静に、これはこのまま自分が逃げてもどこかで追いつかれるだろう。そうだったら、クマにあえて向かっていこう。まず振り向いて、杖を投げつけて熊をおどかそう、威嚇しようということが、冷静に判断できました。

わずか数秒のうちに逃げることを止めて、後ろを振り向きました。杖を投げつけたときには、クマはわずか五メートルのところまで迫って来ていました。

それでクマがびっくりして、私の迫力にびっくりして、きゅっと向きを変えて上に登って行って難を逃れましたけれども、おそらくあのクマが自分に襲ってきたら、行はそこで終わりだったと思います。おそらく気迫というのですか、それがクマに勝ったのだろうと思います。

板橋　そういう恐ろしいことがあると、またクマが出るんじゃないかと思って、われわれだったら恐怖心が先んじて、もう行くのがいやになっちゃいますけれどもね。

塩沼　私たちは行って帰って来る、一日一日の積み重ねがすべてです。特に梅雨が明けますと身体も限界になります。急な下り坂があり四キロぐらい続いているんですけれども、夏になりますと、草が全部覆い繁ってきます。その中には当然マムシもいるわけです。

ところが、その草を杖でいちいち払って、マムシいるかな、いないかなといって慎重に歩いていく時間もないんですね。ですから、運を天に任せてパーッと飛ぶようにして下って来る。次の日に行くとマムシが死んでいたりします。

板橋　何でですか。

塩沼　自分が頭を踏んづけて、それをわからずに私は通過してしまった。次の日にいったらマムシがいるからびっくりする。死んでいる。頭がつぶれている。もしかして、これは自分が前日踏んだやつかなと。もし尻尾のほうを踏んでいたら、私は今いないと思います。山で噛まれた場合には血清も間に合いませんので、あとは自分の運を天に任せる、それしかないですね。限界まで追い込まれていますので。

あと怖かったのは、ちょうど夜中にこのへんで一回ご飯を食べようと、ちょうど腰を下ろしたときに、その瞬間にウーッとイノシシがうなっていまして。そのときはサッと立って、知らん顔して逃げていきましたけれども。どうもイノシシの背中に腰を下ろしたんですね（笑）。真夜中にはいろんなことがたくさんございます。

不可思議な体験も

板橋　ところで修行中には、いろいろと不思議な体験をされておられるとうかがいました。幻のイノシシが出るとか、古戦場の七不思議とか、そのあたりの話を少し聞かせていただけますか。

塩沼　そうですね。まず怖かったのは、夜中に山の中を提灯を持って歩いていたら、不思議なことに急に足がパンと止まりまして。真っ暗でよくわかりませんでしたが、足首がつかまれたように動かなくなったんですね。

ここはどこだろう？　実は、歩きながら寝ていたんです。ここは、山の中だ。そして三十センチぐらい先を見たら崖っぷちだったんです。寝ていたので、そのまままっすぐ行っていたら一巻の終わりだったでしょう。何か目に見えない力によって、足首がパッとつかまれたように感じたときには、冷や汗が出ました。

それまでは、眠って側溝に落ちたり、歩きながら急に天と地がひっくり返ったような感じを味わったものですが、それ以来、歩きながら眠るということはなくなりました。
板橋　それはだれがつかんでくれたんでしょうか。
塩沼　わからないですね。足が固まったようになって。たぶん仏さまが守ってくださったんですね。
板橋　でも、そのときは本当に落っこちなくてよかったですね。もしそこで落ちていたら今おりませんね（笑）。
塩沼　それを機に歩きながら眠るということがなくなりました。やはり人間は、怖い思い、痛い思いをすると変わります。
　また、ちょうどそのあたりを歩いているときに、不思議なことがありまして、幻なんですけれども、三メートルぐらいの大きなイノシシが真っ暗闇の中にいるんです。
板橋　それは何日目ぐらいのときですか。
塩沼　たしか、はじめの二、三年目の頃です。すごい勢いでイノシシが襲ってくるんです。こんなイノシシいるわけないと思いながらも、ワーッと頭を抱えて思わずうずくまりました。しかしよく見ると、何もいないんですね。幻です。
板橋　でも、怖かったでしょうね。
塩沼　怖かったですね。あと、背丈は三尺ほどなんですけれども、頭が大きくて、お腹がポコンと出て痩せこけた餓鬼《がき》。こういうのが本当にいるんですね。
板橋　でも見たわけじゃないでしょう。
塩沼　見たんですよ、本当に。私の行く手を阻《はば》んで石を投げるんです。
板橋　石を投げるんですか。それは実際に石が来たわけじゃないんでしょう。
塩沼　ええ、本当の石ではなくて、幻の石でしたが。
板橋　寝ておったのと違いますか。
塩沼　いえ、そのときは意識がはっきりしておりました。
板橋　それでどうされましたか。
塩沼　こうやって目を見張って、パッと見たらいないんです。
　それから、こわいようなこともたくさんありました。人の顔が浮かんだり、とても怖い場所がありまして、吉野から四キロ山の中に入っていったあたりの一キロの区間なんですが、ちょうど丑三《うしみ》つ時に通りますから。そこを通るとき身の毛もよだつぐらい怖いんです。自殺の名所でもありましたので、そこを通るときには怖い体験を何度もいたしました。だんだん日数がいくと怖い幻とかは見なくなりましたけれど。
板橋　だいたい真っ暗闇の中を歩くわけでしょう。
塩沼　ええ、真っ暗闇です。そこで提灯が木にぶつかって火が消えたときなどは、何も見えませんので。

板橋　提灯の明かりだけが頼りですね。そういうときに幻のイノシシが出てきたり、餓鬼が出てきて石を投げる。怖いでしょうね。

塩沼　ええ、でも何百日と重ねていく間に、そういう怖い思いもしなくなりました。

　すると今度は、きれいな仏様が浮かんでいたり、金剛石のような石がザックザックとたくさんあって、五メートル四方ぐらいのきれいな石の固まりがあったんです。そこを天女が二人、舞っていて、袋に詰めて少し分けてくれたんです。

　ずっと天上に続くきれいな道があったんですけれども、これからの道ですと言われて。まだまだ修行は続くという思いがしまして、それ以来、怖いものは見なくなりましたね。

板橋　天女が詰めてくれた石はどうされました？

塩沼　それも幻だったんです。以後、だんだんそういう経験もなくなりました。九百日、最後のほうに近くなると、そういう幻覚といっていいか何かわかりませんが、そういうものは一切なくなりました。

板橋　怖ろしいものも、美しいものも、どちらも一切なくなったということですか。

塩沼　ええ、そうです。

板橋　古戦場の七不思議というのはどんなものですか。

金峯山寺 蔵王堂にて

塩沼　あれはあまり怖い話なのでやめましょう（笑）。あるとき金峯神社の近くでご飯を食べておりました。台の上に座ってご飯を食べていたのですけれども、白い煙に包まれたような感じになりまして、急に睡魔が襲ってきて、ガーンと台の上に打ちつけられるようになりまして、そうしたら、手が下からぐーっと出てきました。

びっくりして見たら、鎧《よろい》の甲冑《かっちゅう》のような、手甲のようなもので、私の両腕をこうつかんでいるんですね。金縛りになりまして、どうしようもない。般若心経を唱えてもだめだということで、二十三歳ですので、まだ怖いですね、これはどうしようもないとあきらめたところ、首のほうに手が回ってきたので、このままではやられると思って思いっきり力を振りしぼって払いのけたら、すーっとその手が消えていきました。そんな怖い経験も最初のころはしました。

板橋　そういうのは実際に、極限状態での異常心理、一種の臨死体験にも似た心理情況でしょうね。そういうことも経験されているのですね。なるほど……。

塩沼　全部そういうのも、仏さまがこれでもどうだ、これでもどうだと試しているようですね。いま思えば、そういうのはみんな、仏さまが私を成長させるためにくれたプレゼントだと思います。

板橋　私など、そんな山へ、道があるところでも、人っ子一人いないとき、夜歩くのはおそろしいですね。いまこの山奥のお寺に一人でおっても、おそろしくないですか。
塩沼　ええ。例えばそこの山の中に行って、一人で新聞紙でも巻いて寝てくださいと言われても、平気で寝ます。
板橋　山の中に入ってその霊気に触れると、とても怖いと言います。そういう体験をなさって、通り抜けたわけですね。
塩沼　たぶん通りすぎたのでしょう。
　あと、一カ所、岩場があって、松の木があって座るのに具合がいい。手の届くところに二股に分かれた木があって、そこに杖をかけて提灯をかけるといい明かりになって、そこでご飯を食べるのに時間的にもちょうどいいというところがあったんです。
　ところが、午前三時頃ですが、無風状態のときに、うごくはずのない提灯がこうやって揺れるんですね。
板橋　風がないのにですか。
塩沼　まったく無風なんですね。提灯をあけてロウソクの火を見ても、変わりがない。私はそういう現実離れした話は絶対に否定するほうなので。風がないなと思って、また提灯をかけても、だんだん少しずつ揺れてきて、提灯が揺れているんですね。
板橋　炎は揺れていない。でも、提灯は揺れているわけですか。

塩沼　ええ、揺れている。心の中で、こっちも忙しいんだから、あまりからかわんといてと言ったら止まりました。
板橋　一種の幻覚ですか。
塩沼　いえ、これは間違いなく現実でした。
板橋　風が吹いたんでしょうか。でも、忙しい、時間がないんだからいい加減にしてと言ったら止まるというのは、おもしろいですね。
塩沼　そういうことも、怖いも何も全然ありませんでした。
板橋　いまでもそういうのは平気ですか。
塩沼　ええ。でも、金峯神社から上の魔の一キロ区間はいまでも勘弁してほしいですね(笑)。

自然の力とセルフコントロール

板橋　話はちょっと戻るのですが、雷を匂いで知るというお話がございました。私にとっては非常に気になることです。私の昔の同期生で、鮭《さけ》がどうやって故郷の川を覚えているかを研究している学者がおります。ある時、その人に聞いたんです。

鮭がなぜ生まれた川へ、大きくなってから産卵のために間違えないでちゃんと上っていくんですかと。そうしたら、それは嗅覚《きゅうかく》だと言うんですね。そのときに阿闍梨さんのことを思い出したんです。私は手を打って合点しました。なるほど嗅覚かと。

塩沼　禅師様のおっしゃるとおりかもしれません。

板橋　私は重ねてその学者に聞いたんです。そうしたら、それは嗅覚だよと、自信をもっていいました。その証拠に、鮭の嗅覚のところをつぶしておいたら、もう上ってこれないと言うんです。

思うに、われわれは原始の時代、天の摂理により、みんな授かっているんです。雷が来るとか、台風が来るとかですね。それを判ずるものは、嗅覚だったり、あるいは、肌で感じるというようなことだったり、そういう感覚をみんな持っていたわけです。そうでなかったら、現在にいたるまで生き延びられなかったでしょう。

もう一つ、これは新聞で見たのですが、産まれた海亀の子は、砂浜を一斉に海のほうに向かっていくんですね。海に着くまでのわずかの間に、地球の磁気を感じ取るのだそうです。方位磁石を体内に取り込むので、大海を回遊していてもちゃんと同じところへ戻ってくることができる。

ところが、親切ごころで人間が海亀を持ち上げて運んだら、もうわからなくなるのだそうです。生き物は大自然の響きと共鳴する生命力のようなもの、そういう感覚を持っていると思いますね。

ところがわれわれは、いわゆる文明を発達させて、その文明に使われて、いつのまにか文明の家畜になりつつあります。それでみんな鈍感になってしまった。今後ますます文明による家畜化は進むでしょう。文明の進歩は、それが人間にとって幸せに通じるのかどうか、問題だと思います。

どうしたらいいのか。文明の進歩にストップをかけるのも人間の抑制力なのです。人間以外の動物は自分の意志でストップはかけられないと思うのです。天の摂理でストップはかかるでしょうが、自分の意志で、これは食べようか、食べないでおこうか、そんな判断は、人間以外はできないと思うのですね。

私は今後の人類の生きる知恵というものは、自分を抑制する力の度合いにかかっていると思うのです。知識ではなくて、生きる知恵です。自分の欲望を意志でストップし、抑制する力です。

それが阿闍梨さんの話をうかがっていると、ストップをかける最高度のところを試しておられる。これからの文明社会に生きる人間の原点を教示《きょうじ》しているように思います。

これから科学がますます発達する。これはだれもストップをかけないですからね。科学が発達した分だけ、必ず便利で快適な生活に利用します。原子力でもなんでも、それを利用もするが、悪用もするのですね。文明社会というか、物質文明の進歩には際限がないと思います。人類がそれに従って生きていくことが、果たしてプラスかマイナスかというのは大問題だと思います。

ところが、たった一つ救いがあるんです。それにストップをかけることができるのも人間の知恵です。今後の人類の生きる知恵は、物質文明を選別しストップをかけることができる自己制御力だと思います。その自己制御力の典型的な修練を行じておられるのが阿闍梨さんなんです。私が心から尊敬するのもこの一点にあります。

千日回峰行を満行する

板橋　ちなみに、千日回峰行を満行されたのは、平成十一年九月二日ですね。満行されたときは、どういうお気持ちでしたか。

塩沼　何ともなく平常心でした。どんな苦しみも過ぎてしまったら、ただの思い出にしか過ぎなくて。今はそれすら忘れかけております。

千日回峰行満行の儀（金峯山修験本宗・五條順教管長と）

板橋　それがよいのです。でも長い修行でございましたね。

塩沼　満行したときには、これでやっと行が終わったとか、よかったとか、うれしいとかというふうな気持ちは一切ございませんでした。明日で千日なんだというだけのことです。でも、私は一つだけ幸せだったこと、これは仏さまにお守りをいただいたなと思うことが一つございました。それは、一日目から九百九十九日目まで、今日は行きたくないなとか、いやだなとか、行かなければならないなという義務的な気持ちで行をさせていただいた日が、一日もなかったということです。

板橋　これは驚きですね。義務感で行かなきゃならないということがなかった。人の目はあるし、いやいやだけれども何とかやらないと困るなという思いで、行をされたことがないというのですね。自ら進んで立ち向かう一方ですね。驚くべき人ですね。

塩沼　それが非常に仏さまに守られたなと思うことなのです。でも同時に怖くなったんですね、九百九十九日目の夜に。千日目に目を開けたときに、自分は、今日は行きたくないなとか、行かなければならないという気持ちにならないだろうか、どんな日になるのだろうかと。

九百九十九日目の夜、なかなか眠れなくて色紙を何十枚か書きました。「九百九十九日、人生生涯小僧の心」と色紙にたくさん書いたのです。吉野山に入ってきたときに、掃除と雑巾をお友達のようにして毎日毎日作務をしていた十九、二十歳の自分と、いまの自分は何ら変わっていない。そのときの熱い気持ちというのは何ら変わっていない。明日で千日のひとくぎり、行は終わりを迎え、体はもうぼろぼろだけど、九百九十九日のこの心のまずっと、体力が続くかぎり歩き続けていたい。

そう思って、非常にうれしくなりまして、夜、睡眠時間を惜しんでまでも「人生生涯小僧の心」という言葉をずっと色紙に書いて、やっと眠りにつきました。

そして千日目、いつものように目を開けました。いつもと同じように行って、いつもと同じように山から帰ってきた。ただそれだけのことだったと思います。

私は一つの目標を成し遂げるときには、その目標に取りかかったら、もう次の目標を立てることにしておりました。千日回峰行をしているときには、次は九日間の断食・断水・不眠・不臥の四無行《しむぎょう》に挑むぞということだけで頭がいっぱいで、その目標に向かってずっと突き進んでいましたので、千日が終わったらこれでやれやれとか、そういうことはなかったですね。

板橋　では、今はまた今で、次に何をするというのはやはりお考えなんですか。

塩沼　そうですね。一定の期間の苦行を行じさせていただきましたが、今後は一息一息を大切に、朝起きていいことをして悪いことをしない、そして感謝してというように、日常を行とし人生を行として、毎日のいろいろな人との出会いに感謝しながら、自分自身をさらに磨いていきたいという目標がございます。

山の行とは

板橋　最後に、山の行《ぎょう》ということについて、一言お願いいたします。

塩沼　山を歩いているときでも、わからないうちは力強く山肌を蹴って歩いていたんです。そうしたら、山が仕返ししてくる（笑）。やっぱりやさしく歩いてあげなきゃいかんのだな。そんなことが年数を重ねるごとにわかってきました。

山というのはいろいろなことを教えてくれるし、その日その日の「駆け引き」がありますので、山と自分の力というのは五分五分だと思うんです。対等だと思うんです。

そこで相撲をしているようなもので、山が勝つか、自分が勝つか。時として山は行者の命をも取りにきます。そういった肉体的身体的な行と、自分の中の内面的な行、いい自分が勝つか、悪い自分が勝つか。毎日四股を踏んでぶつかって、真剣勝負だと思うんです。

ですから、山は怖いなと。年数を重ねるごとに山は怖い。どんな麓でも、どんな小さな山でも怖いです。低い山でも転んで木の切り株に手をついた。足をさした。だれも助けが

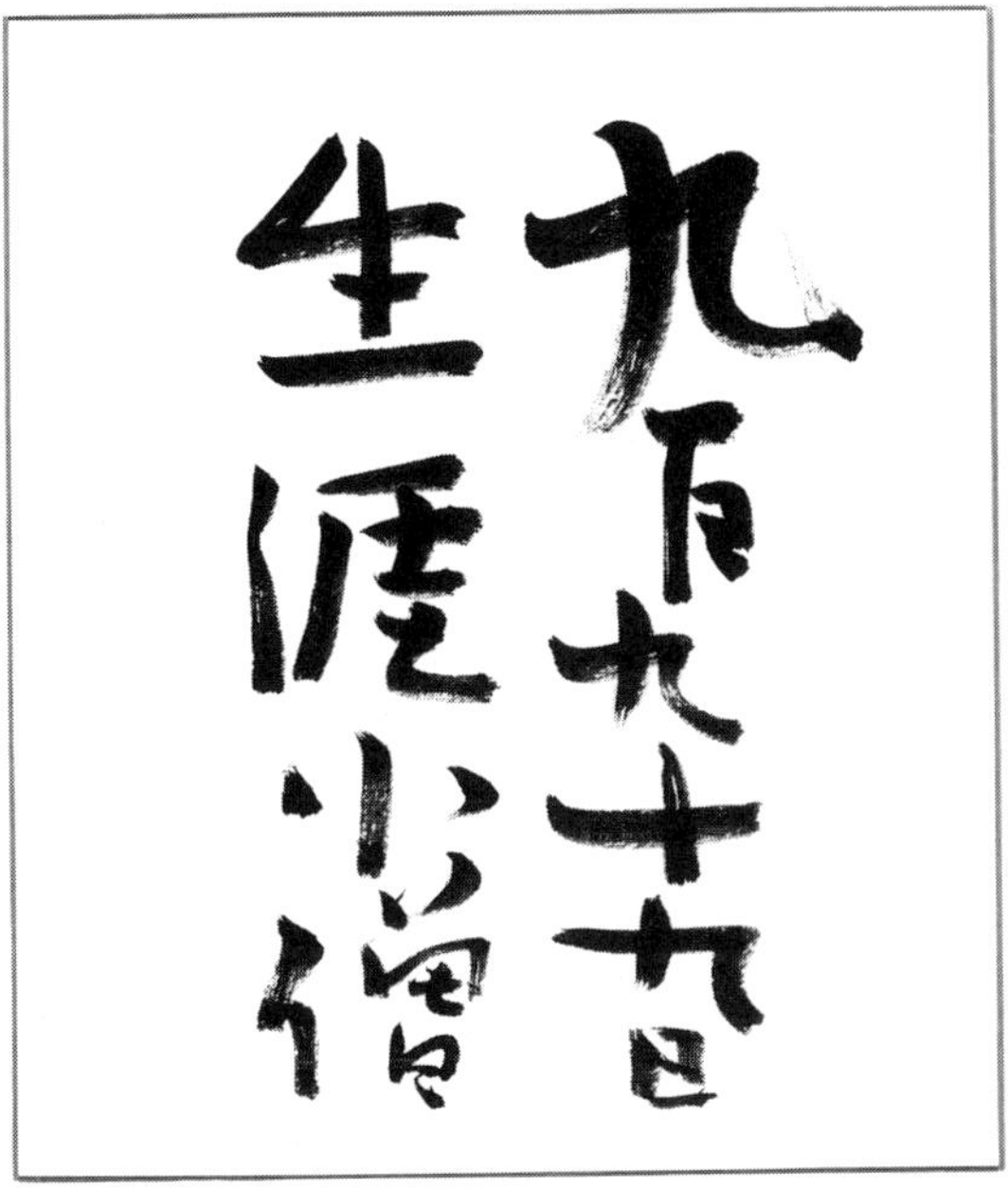
九百九十九日
生涯小僧

こないとなれば、そこで死んでしまいます。ですから、絶対に山はなめたらいけないし、山は怖いということを念頭において歩かせていただく。

あるいは人生も怖いものと思って用心をしながら、努力をしていく。決してあなどったり、うかつなことをしたら、自分自身に帰ってくるということを、いろいろな経験の中で痛い思いをして、身をもって勉強させていただきました。

これが実修実験という修験道《しゅげんどう》の世界だと思うんです。知れば知るほど、どんどん怖がりになるんですけれども、かといって、あまり怖がりになってばかりでは、いい行はできない。毎日、よろしくお願いしますという心で、行に打ち込む姿勢が大事です。

いい自分も悪い自分も、力は五分五分、山とも五分五分。そういう中でいろいろな「駆け引き」をしながら、何か一つの目標に向かって進んでいくというのが、山の行の姿だと思います。行ずるごとに行の奥深さを知り、涙するごとにみ仏のやさしさを知りました。

板橋　なるほど。最初は山を蹴るようにして歩いて、それではいかん、やさしく歩かないかんと。それでは山からどんなしっぺ返しがきましたか。

塩沼　ひざを痛めたりとかですね（笑）。

板橋　やさしく歩くと、山もこたえてくれますか。

塩沼　ええ。ちゃんとこたえてくれますね。いいことをすればいいことがかえってくるし、人生と一緒です。

板橋　天気が悪い日もありますね。

塩沼　いい日、悪い日があっても、常に思いやりを持つこと。自然に対しても、人に対しても、思いやりを持つことです。これが大事だと思うんですね。それが山であったり、いろいろな草木であったり、鳥の鳴き声、雨音、雲の流れ、そういうものも全てそうです。

例えば、ぽたぽたと傘に雨が落ちます。自分が昨日まで流した涙が、雲になり雨となり、そしてまた傘におちる雨音となり、がんばれがんばれと励ましてくれているんだな、そういうふうに思えるようになりました。何にでも心を開いて、何かを求めようとしたときに、山は何かを教えてくださる。常に謙虚な姿勢で臨むことを学びました。

板橋　これはすごい。私などが修行している禅の極致です。仏道の最高地、生き物の究極の生き方です。もう少し説明してください。山と自分が五分五分だというのは。

塩沼　自分と山を照らし合わせたりするわけです。

板橋　もう少し具体的に話してください。

塩沼　善と悪、だれにも善心と邪心というのはあると思うんです。それが、力が五分五分なんですね。だから善と悪が永遠に闘いが続くというのは、人類始まって以来の悩みだと思うんです。これが、いい力が強ければ、世の中はもっとよくなっているはずなんです。

でも、いい、悪い、どちらもあって、私たちがこの地球で、この星で修行をさせていただいているという、これは深い感謝です。だから、いい人も悪い人も、すべてみんな必要だと思うんです。必要でない人はいない。何か理由があって、私たちはその人と出会っている。また、その人にとっていやな人でも、自分の器が大きければ、その人を受け止められる。そのときには自分も幸せになる、人も幸せになる。すべて回っていると思うんですね。

そういう大自然の感謝の中で生きていくべきですし、一秒間に太陽の周りを二十何キロの速さで地球が回っていたり、太陽系が一秒間に二百何十キロ進む。そんな大自然の中で物音一つせずに、私たちが暮らせるというのは奇跡です。この奇跡の中で感謝することが大事だと思います。自分が生きているという考えではなくて、生かさせていただいているという考えを、だんだんに学びました。大自然の中で、そういうことを学んだような気がします。

第三章　死の極限・四無行と八千枚大護摩供——大峯千日回峰行②

四無行とは

板橋　平成十一年九月二日に千日回峰行を満行されて、四無行《しむぎょう》は、平成十二年九月二十八日から八日間、あしかけ九日間、十月六日までなさるわけですが、回峰行を終えられて一年ちょっとですね。四無行は千日回峰行を満行した後でないとできないのですか。

塩沼　ええ。私も聞いた話でありますけれども、千日回峰行をすると心臓に非常に負担がかかります。それに耐え得るだけの心臓ができるから、この四無行ができるんだよと、お師匠さんから聞きました。ですから、千日回峰行を終えた人が四無行をやるという流れになるとお聞きしました。

板橋　そうなのですか。この行は私も名前だけは聞いているのですが、眠らない、食べない、横にならない、水も飲まないということなのですか。

塩沼　ええ。断食・断水・不眠・不臥、つまり、食べない、飲まない、寝ない、横にならない。この四つがなくて四無行という行なのです。

板橋　この四無行では、特別な準備はなさいましたか。

塩沼　千日回峰行が終わって翌年の行でしたけれども、四無行のときにはさらに身体の極限までいきますので、身体の中をきれいにしておこうと思って、食生活を十年間ぐらい注意しておりました。スナック菓子やら清涼飲料水、そういうものもなるべく取らずに身体をきれいにしていこう、食べ物できれいにしていこうという気持ちで挑みました。

板橋　いま十年とおっしゃったのですか。十カ月じゃなくてですか?

塩沼　ええ、十カ月ではなくて、十年ぐらいの歳月をかけてです。

板橋　そうしますと、回峰行の行中からということになりますね。

塩沼　そうです。前から考えていましたが、これは非常に危険な行である。危険な行ではあっても、決してぶざまな格好では人前に出ていきたくないと思っていましたので。

板橋　いかに千日回峰行とはいえ、行ずるのは一年で百二十日で、あとの二百四十日ほどは歩かないわけですから、その間はなにはともあれ、普通の生活を送るわけですね。そういうときにもスナック菓子を食べないとか。

塩沼　ええ。何でそう思ったかというと、あるとき境内にアイスクリームが落ちていたんですね。それが雨と熱さで溶けて、非常に気持ち悪いものになっている。こういうものばかり食べていたら、絶対に自分たちの身体によくないと思って、それからきれいなものを食べるようにしたのです。

行に入って、毎年毎年の行の中でも注意しながら、歩いている期間でも、そうでない期間でも、注意しながら臨みました。本腰を入れて始まったのは、食生活においては三カ月ぐらい前からです。少し断食をして戻して、断食をして戻してというふうにして、三カ月の間に何遍かいたしました。

板橋　本格的には、四無行の前の三カ月からですね。

塩沼　それで、ふだんの生活、作務をしながらですから、三日間断食して、また戻してということをやって、最後の三日前から、断食状態に入りました。少しずつだんだん食を削っていって、一週間前からさらに削っていって、三日前から断食状態に入りました。

断食状態に入って、一日一回だけ米と五穀を削ってつぶしたものをそのまま流し込むという食事だけで、ほぼ断食状態でした。ですから、きょうから行に入りますというときには、空腹感は全然ない状態でした。

話が前後しますが、実際はあまり吉野では四無行をした経験がなく、管長様と先の阿闍梨様と二人だけだったんです。いのちにかかわる危険な行ですので、そのときには比叡山の方に指導に来ていただいてお願いしていましたが、行者は行をするのに一生懸命で周りのことは全然わからなかったのです。

今回、私のときに初めて、吉野としてやりましょうということで、比叡山の助言をいただきながら、行の次第を自分たちで作りまして、行じました。

入堂

板橋　では、行の次第についてもう少し詳しくお話くださいますか。
塩沼　まず四無行に入行する前に、浄斎《じょうさい》の儀と申しまして、生葬式の儀式がございます。
板橋　生きながらの葬式ですね。
塩沼　ええ。これは本山の管長はじめ一山の住職、ならびに自分の地元の仙台から親族がみんな集まっている前で、「行者亮潤、本日、皆様の前で相まみえることはもしかすると、今日が最後になるかもしれません。しかし、仏様が生かしてくださって、また世のため人のためになるならば、出てくることができましょう」という意味のごあいさつを申し上げまして、そこで最後の食事をいたします。

最後の食事をするのですけれども、行者はもちろん食べることはできません。そのまま一山住職、自分の親族とともにお堂に入ります。そこで百八回の五体投地《ごたいとうち》（礼拝）をしている間に、一人ひとり別れを告げてお堂から出ていきまして、最後に残るのが、行者と付き添い役の常侍《じょうじ》という助法《じょほう》の二人です。その三人で行がスタートいたします。

そこからあとは、九日間ずっと、飲まず、食わず、寝ず、横にならずという行が続いてまいります。
しかし、ただ坐っているだけではなくて、一日に一回、午前二時に、仏様にお供えをするお水を汲みに閼伽井戸《あかいど》までまいります。それをお供えして、日に三度、本尊さんの前でお勤めをいたします。
その間、十万遍のお不動さんの真言《しんごん》、それから吉野の本尊さんである蔵王権現《ざおうごんげん》の真言を十万遍、合計二十万遍のご真言を唱えなければならないという決まりがございます。
あとは半跏趺坐《はんかふざ》で、五日目から脇息《きょうそく》、肘掛けが許されます。私もはじめのうちは使っていたのですけれども、だんだん脇息も使わなくなりました。
板橋　助法の方と言葉を交わすことは許されているんですか。
塩沼　ええ。しかし、なるべくしゃべらないようにということで筆談で過ごしました。真言もあまり大きな声で唱えると、最後には声をつぶしてしまいますので、なるべく微音で唱えておりました。
板橋　ちなみに一回十万遍のご真言というのは、どうやって数えるのですか。
塩沼　数珠が百八つですので、一周で百遍とみなします。小玉、大玉とぼんぼりの内側に付いています。百遍となえたら一個繰り出す。さらに百遍唱えたら、もう一個というふうにして、それで千遍数えるんです。あとは箱に小さい石を入れたりして自分で数をかぞえます。

板橋　それは吉野の蔵王堂の中で行われるのですか。

塩沼　ええ、蔵王堂の中です。

板橋　そうすると、その間じゅうは蔵王堂は使われないわけですね。

塩沼　ええ。行中は結界《けっかい》が張られて、立ち入り禁止です。

板橋　全山を挙げて一人の行者を見届けるわけですね。飲まない、食べない、寝ない、横にならないという四つの中で何が一番きつかったですか。

塩沼　飲まないことが一番きつかったです。その次に、寝ない、横にならない、食べないでしょうか。眠気のほうは三日目までで、三日目を過ぎると眠気はもうなかったです。ただ水のつらさは最後まで克服できなかったですね。

断食はつらくないですかとよく言われますが、先ほども申しましたが、私の場合には空腹感は一切なかったんです。これは三カ月ぐらい前から自分の身体を絞って、また少し戻して、絞ってということで、身体の調整をしていきましたから。

行に入る三日前からすでに断食状態に入りまして、行を始める日には断食四日目という状態ですので、身体のほうがすっかり行の身体になっていたことが功を奏しまして、空腹感というのは終わるまで一切ありませんでした。

四無行中、一日三度、勤行する

もうひとつ、理由はわからないのですけれども、午前十二時の時報とともに日の出まで、身体がすごくつらかったです。

板橋　丑三つ時の時間帯ですか。

塩沼　ええ。何とも言えない身体のつらさなんです。夜が明けると同時にスカッとするんですけれども。お堂の中は光の当たらないようにしてあるんですけれども、お天道《てんとう》さんに関係なく、その時間帯が非常にきつかったですね。それは九日間、ずっとでした。意味はわかりませんけれども、人間は夜は寝るものなんだなとつくづく思いました。

板橋　お堂は光がささないわけですね。薄暗い状態なのですか。でもお天道さんの大きな運行が人体に微妙に影響していると思いますね。私たち生物はお天道さまと一体の生きものなのですね。なるほどね……。

塩沼　ええ。お堂の中は、朝も晩も夜も昼も何もありません。

死臭を放つ

板橋　何と言いますか、死臭が出てくるということをうかがっているのですが。

塩沼　水は飲まないのですけれども、汗やら吐く息、あるいはお手洗いに行ったときに水分が少しずつ少しずつ身体から抜けていきます。身体の水分がなくなってくると、血がドロドロになってくるんだと思います。

お小水《しょうすい》は朝晩、必ず出ていました。血尿とかではなく、ほとんど黄色い、色の濃い尿でしたけれども、同じ量、朝と晩、必ず出て行くんです。出て行くごとに体力が衰えていきます。もっとしようと思えば一日三回でも四回でも行けるのですけれども、血液が濃くなっていきますので、一日二回と決めていました。

そんなですから、坐っているだけで脈が九〇から一〇〇、少し歩き出すと一二〇ぐらい、全速力で走ったぐらいに心臓が踊るような気がいたします。お水取りに行くとき、また、本尊さんの前にお勤めに行くときは、本当に心臓が高鳴って踊りました。

板橋　死臭というのは何日くらいからしてくるのですか。

塩沼　入堂して三日目ぐらいでしょうか。ちょうど三日目、四日目ぐらいから、私の脇についていた助法の方が死臭がしたということを後で教えてくださいましたけれども、おそらく生きるか死ぬかの瀬戸際だったんだと思います。

四日目でしたか、助法の方が私の名前を呼ぶんですね。「阿闍梨さん、阿闍梨さん」と。真剣な目で「大丈夫ですか」と言われた。私は何ということなくご真言を唱えているつもりだったんですけれども、私の周りに集まって、私の名前を呼ぶわけです。

そのときは、何でみんなこんなに私の名前を真剣に、血相を変えて呼ぶんだろうと思いました。真言をずっと唱えて大丈夫だよということを示していたんですけれども、行が終わった後で聞いたら、私はぼーっとしていたと言うんですね。目は開いていて、真言は唱えているけれども、意識がなかったと言うんですね。

そういうときは必ずあるからということは、言い伝えで聞いていたんですけれども、実際に私の意識がどこか別のところへ完全に飛んで行っていた状態だったと思うんです。そのときにみんなが名前を呼んで、私を戻してくれたわけです。

自分ではわからないので、何でみんなこんなに騒いでいるんだろうという程度で、行にはずっと集中して入っていたんですけれども。実際に行をしていると不思議なことがたくさんございます。

目の前で、線香を九日間絶やさないのですけれども、その線香がずっと燃えていったときに、折れて下にくだける瞬間がスローモーションのようになって、灰のところに落ちるのが見える。落ちたときにドーンという音が、普段は聞こえないのですけれども、聞こえるんですね。

板橋　線香の燃えた灰が落ちたわけですね。その音がわかるんですか。

塩沼　ええ。聴覚もそうなんですけれども、嗅覚も非常に研ぎ澄まされてきます。私が

取水

ずっと修法しているところと、助法の方がいるところには、逆さ屏風を立てて九日間を過ごすのですが、その奥に扉があって、扉をガラガラ、「失礼します」という声を出さないで入ってくるのですけれども、戸を開けた瞬間に、その人の匂いがするんですね。

姿は見えないんです。だいぶ離れているんですけれども、その人の匂いが、その人の体臭がわかる。自分が死臭を放っているにもかかわらず……。自分の死臭はわからないのですけれども、人の匂いはわかる。そのように神経が研ぎ澄まされることを覚えました。

うがいを許される

板橋　行中に取水《しゅすい》に行かれますね。

塩沼　天秤棒を担ぎまして、仏様にお供えをする水を閼伽井戸《あかいど》まで汲みに行きます。距離は片道五十メートルくらい。帰ってきて仏様にお供えをします。天秤棒は実際は助法の方が担いでくれますので、行者はかたちだけです。

その取水の後で、午前二時半ぐらいに一日一度、うがいが許されます。ちょうど中日、五日目でうがいが許されます。天目《てんもく》茶碗が二つ用意されまして、一つはなみなみとお水が入った茶碗がございます。もう一方は空の茶碗です。

五日目から、うがいを許される

そこで自分の口に含んでうがいをして、こちらの空の茶碗の方にはき出す。すべて終わって同じ水の量と水準でなければ、飲んだということになります。

板橋　五日目から許される。うがいだけなのですね。飲んではいけない……。

塩沼　うがいだけです。

板橋　そのうがいが大変とお聞きしています。それはどんな実感ですか。

塩沼　ちょうど三日目、四日目になってきますと、本当にのどが乾いて乾いてどうしようもなくなるんです。お手洗いに行って、自分の手を洗っても、パッパッと手を払っても、そこからずっと水分がしみていくような手になりまして、あまり拭かなくてもいいような状態になります。

身体が本当に水分がほしい、それこそのどから手が出るほど水分がほしいという状態です。のども乾く、心臓も踊ってくる、どうしようもないという状態のときに、五日目で初めてうがいを許されるわけです。

待ち遠しくて、行に入ってから初めてうがいをしたときには、お水を口に含んだときには、オーバーに言ったら口の中の皮膚がチュルチュルという音を立てるような、そんな感じで皮膚が水分を吸収する感じがいたしました。

いまでも思い出しますけれども、あのときの口に含んだときの水の味、これはもう生涯忘れられないですね。本当に水は人間の身体には大事なんだなということが改めてわかり、水に対する感謝の気持ちを知りました。

板橋　うがいしたときの水の味というのはどういうものなんでしょうね。

塩沼　無味無臭です。水というのは人間の身体にとってものすごく大事なものでもあるし、一番大事なものであるがゆえに無味無臭、くせがないのです。私たちの信仰の生活でも一番大事な何かを教えてくれるようなものがひらめきました。水というのは、いろいろな形、四角い器に入れれば四角になるし、丸い器に入れれば丸になるということが、そのときにふと頭の中をよぎりました。

　不思議なことに、うがいをした瞬間から身体がしゃきっとなりました。周りの人に、出来ます、大丈夫ですと言って、そこから自分のペースで最後の九日間まで何事もなく走りきったんです。

板橋　そういえば、助法の方に取水のとき、Vサインをなさったそうですね。余裕でしたね（笑）。

塩沼　ええ。ただ余裕というようなものは、そのときにもらったと思います。最後までできるという感覚をつかんだ、自分のペースをつかんだ瞬間というのでしょうか、もう大丈夫ということで。なにもかも初めてのことで手さぐり状態です。途中でペースを崩しかけて、なかなか自分のペースが作れなかったのが、うがいをさせていただいた瞬間に、よし、自分のペースをつかんだということで、思わずVサインのようなものが出たのだと思います。

いのちの免疫力を高める

板橋　そういう行をされているときに、幻影とかそういうものは出てこないんですか。

塩沼　四無行のときには一切、幻聴や幻覚というのはなかったです。

板橋　これは不思議ですね。その行の厳しさを聞いて私は大変反省させられます。一滴の水も取らないというのですから、血液が濃くなって、これは心筋梗塞《しんきんこうそく》などに最も悪いんです。それなのに、それをしのいで生きておられるというのは、医学的には絶対許されないことをやっているんですね。それでもなお、こうして元気でおられる。

実は私はいろんな持病を持っているんです。大学病院に月に一度行って、薬も飲んでいるんです。死に至る病も、持っているんです。しかし阿闍梨さんのお話を聞いてから、お医者さんの言うことを必ずしも信用しなくなりました（笑）。

私も八十歳なのにこうして生きている。千日回峰行の方があんなにやっていても生きて

水

いられるんですから、あえてお医者さんの言う通りにしなくてもよいではないかと、だんだん思えてまいりまして（笑）。気力の大切さを知らされました。

要は、精神的に喜んで何かをやる、ファイトである、そこらに目に見えない免疫力《めんえきりょく》というのですか、精神の力があるのだろうと。第一、回峰行のあれほどの運動をしながら食事は小さな握り飯が二つ、あるいは穀断《こくだ》ちのときには塩すらない。普通の、医学の常識では塩がなかったら生きていかれないんですからね。胸がドキドキするというのは、水分が足りないんですから、それはもう血液の濃度が極限に達しているんです。それでも生きておられる。それで、愉快だと言うんですからね。

何かを本当に積極的にやることによって、人間のいのちの免疫力、生気というものは高まるのではないか。その限界を行じられている阿闍梨さんをみて、現代医学以上のものがあるように思えてきました。それで、私はお医者さんの言うことはあまり気にしなくなりました。通院して一応薬は飲んでいますけど（笑）。精神力の大切さを知らされました。

塩沼　たしかに追い込まれれば追い込まれるほど、人間というのは攻めの姿勢でいかなければいけないなということは、行を通して学んだことです。どうしても人間というのは、精神的、肉体的に追い込まれると、どんどん自分で悪いこと、悪いことを考えていく。それで泥沼に入っていきます。

でも、現実を受け止めて、なるようにしかならん、どっちでもなるようになるんだと、すべてもうお任せするという気持ちが大事ですね。それで、なお攻めていく。

決められたことは決められたことです。九日間飲まない、食わない、寝ない、横にならない。そこでいかに新しい自分と出会うことができるか。自分の中のいい自分と、さらに出会っていく。お釈迦様がどんな人間でも仏になる種子がある。その花を開かせるのは自分なんだということをおっしゃった。その教えを大事に自分自身を見つめなおすこと。

ですから、オーバーに言ったら、九日間だろうが千日間だろうが、そういうことはどうでもいいことであって、いかに自分自身がどうあるか。この行を通していったい何をなし得るかということばかり考えていたので、九日間であったり千日であったりというのは後回しになって、気づいたら終わっていたという感じですね（笑）。

出　堂

板橋　体験者から尊いお言葉を聞かせてもらいました。私なりに期するものを与えていただきました。ありがとうございます。それで、いよいよ行を終えられて出堂《しゅつどう》されますね。

塩沼　行が終わりましたら、まず出堂作法というのがございます。まず本堂の大壇の周りを三遍回ります。三遍回った後、お堂から出てくるという作法があるのですけれども、自分のずっと長い間の夢がありました。

だいたい行者さんというのは両脇を抱えられてお堂から出てくるのですけれども、人の同情をかうような行者にはなりたくないというのがありまして、絶対に自分の足で歩きたいという気持ちが強くありました。

ですから助法の方に、出堂のときには絶対に私の両脇にはつかないでくださいとお願いしました。でも、みんなは心配で、「つきますか」と言う。「いや絶対だめです。私の横につくなら私はお堂から出ません」ということで、三匝《さんそう》から一人で歩いていきました。

板橋　お堂を出るときには、九日間も飲まず食わずなんですから、当然、足腰がふらふらしていらっしゃると思いますが、しかし支えはいらないと、お一人のお力で出られたわけですね。

塩沼　ええ。こういう急な階段も自分の力で歩いて。堂内の三匝では、途中で倒れたら死ぬといわれていますので、周りも気を遣ったようですが、しっかりと行じました。そこで初めて朴《ほお》の湯という朴葉のお茶をいただくのですけれども、それは実際に飲むことはありません。儀式ですね。

板橋　お堂の内を三回廻って歩いたあとで、朴の湯をいただく儀式があるのですね。

出堂

塩沼　ええ。それからお堂を出て、天満宮というお社の前で、行者が行を終えてから一番初めに食事をする儀というのがございます。

夜中ですから、たいまつを二つ地面に置いて、筵《むしろ》を敷いた上で、行者と先満《せんまん》の阿闍梨と、そこで初めて合掌をして二人で向かい合って食事をいただきます。それを食べることはできませんので、食べる作法だけです。

最後に合掌して、そこからは急な坂になりますので、ここから本坊までは駕籠《かご》に乗ってください、これは決まりです、ということで。

板橋　そうして行が終わるわけですね。入堂のときと満行されて出堂されたときでは、体重はどのくらい減っているものですか。

塩沼　十キロ減でした。一日一キロの計算だと思います。

九日間の行が終わって、用心をしてもう一日プラスして断食をいたしました。その一日の間で、最後はリンゴジュースだけ飲んだのですけれども、そういうことがよかったのか、早めに身体が回復いたしました。

ですから、合計で十三日間、断食を続けておりました。一日目は、重湯《おもゆ》を炊いて食べました。二日目は温麺《うーめん》をやわらかく煮込んだものを食べまして、徐々に半月がかりぐらいで普通の食事に戻していきました。

出堂後、初めて食事をとる儀（先満の阿闍梨と）

板橋　はじめて食事をしたときには、どんな感じでしたか。

塩沼　食道がピリピリするような感じでした。ずっと飲まず食わずでしたので、食道を食べ物が通っていくときに、リンゴジュースを一番はじめに口にしたのですけれども、胃に到達するまでの感覚がわかるような感じでした。閉じていたものが急に開いていくような、ちょっとした痛みも覚えました。

板橋　細胞が生き返ってくるような感じですか。

塩沼　ええ、生き返ってくるような感じです。皆さんが、みるみる顔が赤くなってきましたね、とおっしゃっていたので。じつは、戻って一日明けた次の日、食堂で自分のご飯を自分で作っていたんです。

板橋　ええ？　さらに一日断食して、その次の日にですか。

塩沼　管長様が毎日本坊《ほんぼう》の大黒《だいこく》さんをお参りにくるんですけれども、「おはようございます」と、私が重湯を作っていたんですけれども、それを見て、「ばけもんや」と言われた(笑)。「何でごはん作っているんじゃ」と言われて、首を傾げて、みんなに「あいつは、ばけもんや」と(笑)。

板橋　いやあ、それは「仏様だ」と言われるべきところですね(笑)。

塩沼　普通、皆さんがお世話をして、行者が寝ているところまで食事を運んでいってあげ

駕籠に乗って戻る

て、というのですけれども、私は比較的元気にしておりましたので。

自分で重湯を作って、温麺で一週間ぐらい養生して、だんだんいろいろなものも入れて、味もつけていってということで、十日目ぐらいには普通の食事をしておりました。

仙台に白石温麺というのがあります。油を使わない、胃に非常にやさしい麺で、昔、親孝行の息子がお父さんが胃が悪いので、油を使わない麺をどうやったら作れるかと尋ねて、旅の僧に秘伝の作り方を教わったという由来があるんです。自分は仙台の人間なので、故郷のものを食そうと、その温麺を仕入れておいたんです。

板橋　そうですか。体力回復のペースとしては超特急でしょうね。からだも、精神も最高品ですね（笑）。

塩沼　かなり早いペースでした。

板橋　だいたい普通、そんなとき自分で重湯なんか作らないものでしょう（笑）。

心に残る不思議なこと

板橋　四無行を振り返って、何か特に思い出はございますか。

塩沼　修験者は、碑伝《ひで》というのですけれども、大きなお札を行をするたびに書くんです。

いま本堂にありますけれども、四無行の碑伝は、大変大きいものです。
千日のときに私は忙しくて書けなかったんです。そうしたら、四無行のときに、逆さ屏風の向こうに用意しましたからと。何を用意したのかなと思ったら、筆と墨が置いてあるんです。書いてくださいということですね（笑）。

板橋　四無行のときにですか。

塩沼　ええ。そうしたら、碑伝を書いている時、助法の方が私の後ろでむせぶように泣いているんですね。後ろでしくしく泣いているんです。「何で泣いているの」と聞いたら、「自分でもわからないです」と。私の姿を見て泣いているんです。何で私が書いている姿に涙するのかなと思いました。

いまも会うたびに聞くんです、「何であのとき泣いたの？」って。「わからないです、自分でもわけがわからないけれども、姿を見ていただけで涙が出てきました」と言ってました。

私自身ではよくわからないんですけれども、極限で行じているときの姿というのは、人間は清らかできれいなのかなと。理屈抜きに、清らかなのかなと思いました。

板橋　そういえば、助法の方が後で、「阿闍梨様にいろいろしてさしあげたときに、いつも、ありがとう、ありがとうと言われる。あんな状態なのに、よくありがとうとおっしゃることができるな。自分だったら、とても自分のことで精一杯で、そんな余裕はないだろうな」と。そう思ったということを、助法の方がおっしゃっていました。

塩沼　行というのは感謝の気持ちがなければだめだと思うんです。どんな行でも自分一人で行ずることはできませんし、必ずだれかのお世話にならなければならない。行者は一人で行ずるわけではないので、一番はじめの行のときから、常に感謝をしなければならないと自分で思ってきました。

常に感謝、感謝ということで、ありがとうございます、ありがとうございますと。皆さんにありがとうございますという気持ち、これが大事だと思いますね。

板橋　われわれもそう思いながら、つらい状況とか苦しい状況になったときに、なかなかありがとうというような言葉は出てきませんね。四無行の行というのは、想像を絶する身をしぼるようないのちがけの行ですから、そういうときにありがとうと言えるというのは、やはりすごい人だなと思います。

塩沼　行をさせていただきたいと発願したのは私です。行をしてくださいと頼まれたわけでもない。その環境に、すべて与えられた状況に感謝をすること、これが行者にとって一番大切な姿勢だと思います。

百日の五穀断ち・塩断ち——八千枚大護摩供にむけて

板橋　平成十二年十月六日に四無行を無事満行されて、その後、八千枚の護摩を修法《しゅほう》されるわけですね。

塩沼　五年ほど間があくのですけれども、五年ぶりに、お寺がほぼ九割方できましたので、完成前に、もう一回努力をしてみたい、また昔に戻って行をしてみたいという発願《ほつがん》をいたしました。

板橋　平成十五年十二月二十三日には、仙台の奥山に慈眼寺《じげんじ》権現堂《ごんげんどう》を建立されて、十七年には護摩堂が完成するわけですね。四無行を満行されて以降は、その慈眼寺を建立することに努力されますね。

塩沼　この四年間はそればかりに専念いたしまして。

板橋　大変立派なご本堂と護摩堂ですね。それをきっかけに、八千枚の護摩をやろうと奮発される。

塩沼　五年ぶりに努力の扉を開けてみたいと思いまして。何があるのかなと思ったら、努力の扉の向こうには、また努力の扉があったという感じで。お坊さんというのは一生努力の続きなんだなということを思いました。

板橋　努力の扉を開けようということで、それが八千枚の大護摩であったということですか。

塩沼　ええ。八千枚の大護摩供というのは、まずはじめの百日間、五穀《ごこく》（米、大麦、小麦、小豆、大豆、それに胡麻《ごま》）と塩を断って、それで最後の二十四時間で護摩を八千枚焚くという修行になります。

前行《ぜんぎょう》の百日間は、五穀断《ごこくだ》ちですので、醤油もだめ、味噌もだめになります。日に三度の食事はいただけるのですけれども、主に野菜あるいはそば粉を中心に食べていまして、味はほとんどございません。そうして日に三度、本尊さんの前で「不動立印供《ふどうりゅういんく》」という修法をしながら百日間を過ごします。

実質、塩を断つわけですから、身体が慣れるまでは非常に大変なのですけれども、塩をとっておりますと、護摩供のときに熱くなってやけどをしたり、身体に非常に負担がかかりますので、塩を断つということで、それを防ぐという意味合いもあると言われております。

板橋　塩を断つと熱さを敏感に感じない。それはほんとですか。

塩沼　前行のとき食事の用意を自分でさせていただいたのですけれども、ある日、鍋でぐらぐらとアスパラガスを茹《ゆ》でておりました。それが煮上がったかなと思って菜箸《さいばし》でつかみ、たまたまそこにざるがなかったので、ちょっとそのアスパラガスを手に乗せたのですが、不思議と全然熱くないんですね。これはなぜなのか。やはり塩を断っているせいなのか、そういうことが自分で体験できました。

また、実際に八千枚の大護摩供のときも、まったくと言っていいほど熱さは感じられませんでした。周りについている助法の修行僧は、やけどで水ぶくれやマメを作ったり、手の皮膚がはがれたりしていましたが、私は全然熱さを感じませんでした。これはやはり塩断ちをしていた功徳だと思います。

板橋　百日の塩断ち、五穀断ちということですが、いつごろが一番苦しいんですか。

塩沼　始まって三日間、身体が慣れるまでは少し大変です。

板橋　それはどんな苦しみですか。

塩沼　身体が重いような感じがしました。三日過ぎてから、塩を取らないせいか非常に記憶力がなくなるんです。さっき自分は何をやっていたんだろう。これもしなければ、あれもしなければと思うんですが、すぐに忘れてしまうんですね。塩を取らないせいだと皆さんおっしゃるんですが。それが十日ぐらいしますと、不思議なことにかえって頭が冴えてきまして、普段より三倍ぐらい本を読むスピードが上がったり、記憶力が非常によくなって、あとは楽になりました。

板橋　楽になったのですか。

塩沼　ええ。身体が何か軽くなるような感じがいたしました。でも、身体はやっぱり正直ですので、コンスタントに体力のほうは弱ってまいります。体重も減っていきます。

板橋　そうでしょうね。塩を取らないことによる肉体的な変化といいますか、そういうことは感じましたか。

塩沼　塩を取らないことによって、疲れがとれにくい。あと、普段なら何でもない仕事がどうもうまくいかない。普段と一緒のように掃除をしても、その後、ぐたっと疲れるような、そんな感じがいたしました。

母の看病

塩沼　五穀断ち・塩断ちということで、しだいに自分の身体が弱っていく。行の三分の二ほど来たところで、自分の体調もあまり思わしくないなという頃でしたが、ちょうどそのとき間が悪く、いま一緒に住んでいる母が病いで倒れてしまったんです。これはどうしようもないな、うちの母の看病もしなきゃいかんなと。

板橋　それは大変でしたね。

塩沼　自分のご飯は自分で作っていましたので、じゃあ、母の食事もつくろうかと。ただ私のは、五穀も使えない塩も使えないご飯ですので、自分で別に作ります。母が倒れてしまったので、母の三度三度の食事、これも自分が作ろうと。もうそれならばいっそのこと、いま一緒に生活している三人の修行僧、みんなの食事も作ってあげようということで、みんなの食事を自分が用意させていただきました。

これもすべて自分の行だと考え方を変えまして、また攻めの姿勢で、これを自分に与えられた定めだと思ってやっていきましたら、基本的にかなり元気になりました。体重は減っていくのですけれども、かなり行がスムーズに、パワーが出てきて乗り切ることができました。

板橋　そのときの味噌汁や味加減、特に塩味は目分量でつけていたわけですか。お母さんや修行僧の食事は。

塩沼　ええ。私は味見ができませんので。注意をしながら塩を、あるいは砂糖にしても、醤油にしても全部、目分量で入れます。入れたときに、自分の勘と鍋からの匂いでどのくらいの塩分かというのが、行の最中はわかったんです。

みんなに食べてもらうと、ちょうどいい加減ということでした。鍋の匂いで塩分がわかって、これも行のときに研ぎ澄まされていたのかなと思います。

板橋　普通の人では考えられませんね。自分がご飯も食べない、塩もとらないときに、人の料理を作るというのはちょっと常識ではないですね。それをやられるというんだから、これはまたすごいですね。不思議ですね、気力でしょうか。

私にはちょっとできませんね。そんなときに、ついうっかり味見をしながら喉を通さなかったのですか（笑）。信じられませんね。ホントかな。

塩沼　それは一度もありません（笑）。あったら失敗です。

板橋　普通の者が、人から命ぜられたとか何かの動機でやったら、それをやっちゃうんですよ。自分から決意したものだから、そのようにやれるんですね。それでもなかなか難しいですね。私ならやっちゃいますね（笑）。今でも甘いお菓子をちょこちょこつまみ食いして血液のコレステロールを高くして、お医者さんに注意されています。

八千枚の行が終わって、初めてお塩を口にふくんだときには、どうでしたか。

塩沼　やはり口の中が痛かったです。行が終わって初めて味噌汁を飲んだときには、ちょっと口が痛いような気がしましたけれども、二回目からはそんなことはなかったです。食事を戻していくのも徐々にしていきましたけれども、わりと早めに味噌汁、おつけもの、そういうご飯は食べられました。

板橋　前に金峯山寺の五條順教管長にうかがったときに、はじめて塩をなめたときにピリッとして、頭の中にパンと火がついたような、電気に触れたような感じがしたとおっしゃっていましたけれども。

塩沼　ええ。管長様はそういうことをおっしゃられていました。私の場合は初めから、行の最中から元気よかったので。から元気かもしれませんけれども（笑）、いまおっしゃる気力のようなもので乗り越えてきましたので、わりと行をしているという気負いもなにもなく、これが自分の普通の生活なんだということを自分に言い聞かせて、これが普通の生活そのものだと考えて、今回の八千枚大護摩供の行をやらせていただきました。

板橋　お母様はもう回復されたんですか。

塩沼　はい、数週間、初めて寝込みましたけれども、いまは回復して元気に過ごしております。長い間、ずっと仙台のほうにうちの祖母と二人で苦労をかけてきたので、その長い間の疲れがたまったんだと思います。

八千枚大護摩供を満行する

板橋　この八千枚の護摩供は何日ぐらいでやるんですか。

塩沼　一昼夜で焚き上げます。一度火がつきますと、一昼夜、火を絶やさずに。お手洗いに行ったり、着替えをしたりということで、中座いたしますけれども。行の最中は、百日間の前行で塩を断っていたせいか、まったく熱さが感じられなかったんです。

板橋　八千枚の護摩の火というのはすごいものなのでしょうね。八千枚というのは参拝者の皆さんのご祈願ですか。

塩沼　ええ、一本一本を。無限大を表すのが八千枚です。

板橋　そういう祈願をお焚き上げしていくというのは大変なことでしょうね。

塩沼　心を込めて修法いたします。昔、奈良のお山で修行させていただいている頃に、護摩の意義とか難しいことをたくさん教えていただきましたが、今、みなさんと触れ合っていろんな悩みとかお話をさせていただいておりますと、行者として、あるいは、お坊さんとして大切なことは、みなさんと共に喜び、共に悲しむ心をもつことが一番だと気が付きました。

私たちはいろんな煩悩や欲があります。ああなりたい、こうなりたい、あれが欲しい、これが欲しいと尽きることがありません。たまたまこの前、こんな質問をされました。お願いごとで、儲かりますようにとお願いしてはいけませんかと。

確かに、商売をしている以上は利益がなければ会社は経営できませんし、給料だって支払えません。でも、自分の会社だけとか、自分だけとかいう考えでは他が苦しむことにな

八千枚大護摩供

ります。他が苦しめば、自分もいつかまわりまわって苦しむことにもなりますし、いい縁もめぐってきません。人を思いやり、他をいかすことにより自分も生きてきます。自利《じり》利他《たり》円満《えんまん》といって、これが人間の生活にとって一番大事なことです。人と人、心と心、真と真です。

心をこめて話す、心をこめて行う、心をこめて他を思う。私は行者として護摩釜に火がついたら、心をこめて本尊様に、みなさまが良くなりますように、お願いごとがかないますようにと、お祈りさせていただくだけでございます。

本尊さんと護摩の火と自分と、その三つが一体にならなければならない。身体のどこかで感覚的にも精神的にも、集中して一体でなければ、いい護摩は修法できないですから。

板橋　本尊様と護摩の火と阿闍梨様が一体になるわけですね。なるほど……。

塩沼　はい、実際に大変です。三時間ぐらい、護摩木を投じていますと、激痛が走ってきます。腕が上に上がらなくなります。でも、それをなお押して、痛みをこらえて、最後まで心をこめて修法いたします。みなさんのよい願いを本尊さまにおとどけさせていただく、ただそれだけでございます。また護摩木一本一本を通じて、神仏とみなさんの絆《きずな》が深まればと、心の底より願っております。

粘り強く根気強く、そして明るく

板橋　現代の物質文明はとにかく便利で、快適で快楽を求めるのですね。この欲求には際限がありません。欲に自分がひきずられて抑制できなくなりますね。それで犯罪やら病人はどんどん増えているんです。

阿闍梨さんは、お医者様が絶対に許さない極限を越えることをやってきて、元気でにこにこしておられる。現代文明というもの、現代社会に対して反省させられますね。お医者様だったら、阿闍梨さんの修行のどれ一つとっても厳禁ですね。塩をとらないとか、心臓が踊りだすなんていうのは、血液がコレステロールどころの騒ぎじゃない。水分が足りないんですから。もう心筋梗塞や脳梗塞です。ただちに入院ですよ。点滴を打ってもだめですね（笑）。

これを他人にやらされたとしたら、これはもう生き地獄の拷問です。裁判所に訴えられます（笑）。それを自分からの積極的な攻めで、やるぞ、やるぞと意欲的にやると、常識では考えられないような、すごいことが起こる。どんな生活も環境も、みんなプラスにしてしまうような生命の力、免疫力のようなものを、阿闍梨さんの体験から感じ取られますね。

塩沼　禅師様のおっしゃるとおり、人間はだめだと思ったらそこで終わりです。そうではなくて、自分ならできると自信を持つことです。自信と過信は違います。自分の努力に対しての自信です。だから、絶対にあきらめないこと。粘り強く、根気強く、ぼちぼち、です。あとは常に心を明るく持つこと。心を明るく持つことによって、どんなマイナスでもプラスに変えることができるような気がします。

板橋　すごく説得力のあるお言葉で、私がすっかり惚れこんでいるのも、こういうことがあるからです。いまの社会に対して何かご意見を聞かせてください。

塩沼　やはり一番大事なこと、みんなが願うことというのは、みんなが健康であって、みんなが仲良く生きること、人と人との調和、人と自然との調和です。これが社会にとって一番大事なことだと思うんです。ところが、禅師様のおっしゃるように物質文明があまりにも発展しすぎて、こころという大事な部分がみんな衰退してしまっている感じがいたします。

一言でいえば、昔の日本はもっと人情味があったんじゃないか。大事な心があったんじゃないか。それが、人を思いやる、そういう心がどんどん薄れてきて、また社会的なモラル、そういうものが非常に低下してきている。

例えば電車に乗っていて子どもがうるさかったら、みんなでうるさい子どもを、おじちゃんたち、おばちゃんたちが「うるさいよ」と注意してあげることができた。あるいは近所の子どもでも悪いことをしている子どもがいたら、それは違うんだよと、みんなで教えてあげた。そういうことがいまどんどんなくなってきている。

互いの意思の疎通がなくなってきているということです。いまは物質が非常に豊かになり、スイッチ一つでいろいろなことができる時代になりましたが、みんながよく言う「昔はよかった」という言葉がありますが、昔がよかったというなら、みんなで昔に戻っていくという、そういう気持ちを持っていくことが、いま改めて問われているのではないでしょうか。

板橋　全くその通りです。若いころから行《ぎょう》を通して、苦しんでいる方を勇気づけたかったと、おっしゃっていましたね。

塩沼　ええ、そうですね。若いころは、どうやったらみんなが救われるかということを、自分が何もできないのに、どうしたらいいんだろうかと考えながら、ただただ行に打ち込んでいたものです。必死に行を通して、この十年以上もの間、自分自身に何ができるのかということを考えてまいりました。そして人生とは何だろう、信仰とは何だろう。わけもわからないまま、ただただ来る日も来る日も根気強く、それを求めて行の旅をずっと続けてまいりました。

その結果得たものは、もっと多くの人とふれあって人々のことを理解しなければならないということでした。人と人、心と心、縁《えん》によって出会った全てに感謝し、より絆を深めることです。このつながりは現代社会に一番欠けているところでもあります。

では自分に何ができるのかと問いただしてみたときに、実は自分にはその器《うつわ》はありませんでした。正直申し上げまして、千日回峰行、四無行をやって、あなたはどんな人をも受け入れること、理解することができますか、と言われますと、できませんと答えざるをえません。

しかし、ある日のこと、自分がどうしても理解できかねる人と出会ったときに、何とはなしにその人に声をかけてみたくなった。そうしたら意外にも三度目で、やさしい笑顔とやさしい言葉が返ってきました。そのときに本当に、いままで自分の器が小さくて、この人を本当に理解することができなかったのだと思いました。だから私も苦しんだし、この人も苦しんだ。ごめんねと感じることができ、心から懺悔《さんげ》しました。

それからというものは、非常に人生が明るくなって、いろいろと裏目裏目に出ていた人生が全部いいほうに変わっていくんです。また、どんなつらさ、苦しさが訪れようとも、心明るく、心豊かにいられるようになりました。

ですから、人を責める前に、どんな人でも愛さなければいけません。人がどうのこうのと言う前に自分の器を大きくすること。これが人にとって一番大事なことであるし、みんなが仲良くなるための第一歩です。もっと自分が、深く自分自身を見つめなおすことが大事なのではないかと思います。

利他の行とは

板橋　いや、感心しました。その通りです。いま申されたようなことはどこの布教《ふきょう》の本にもみんな書いてあることなのですけれども、同じことを言っても、同じ文章を書いたとしても、その奥に、行をやった人の言葉だと説得力がありますね。心からうなずいてしまいます。

その人の説得力というか、感化力というのは、いのちをかけた体験に裏付けられたものがあると違います。いま言われたような仲よくしましょう、自分の心を開きましょう、みんなを愛しましょう、あいさつを交わしましょうということは、だれでも言うんですが、それが阿闍梨さんのような経験を踏んで、そこからほとばしり出た言葉であるからこそ、感銘を受けるんですね。それを皆さんにぜひ伝えてほしいのです。これこそ利他行《りたぎょう》です。

塩沼　行というとらえかたはいろいろあると思うんです。人生すべてが行だという考え方、あるいはある一定の期間の行という考え方、自分のための行、人のための行。いろいろなとらえかたがありますけれども、振り返ってみたときに、ある意味で表現は悪いかもしれませんが、私にとって千日回峰行も四無行も命がけの行でしたが、あまりプレッシャーは感じませんでした。

それより何よりも私がお坊さんとして、みなさんのためになれるような、そんなお坊さんになれますように、どんな人もストレスなく受け入れられますようにと、そちらのほうが必死でした。そういう意味では自分をあまり勘定に入れなかったので、かえって力が湧き出ました。

板橋　ちなみに、これからはどういうご計画をお持ちですか。

塩沼　いまのところは、日々新しい出会いの中で、また新しい自分自身と出会う。いろいろな方とひざを付き合わせて、いろいろなことを勉強させていただきたいと。

また、お山での行は終わったわけでありますけれども、これは終わりではなくて次の新しい始まりと考えて、小学生だったらピカピカの一年生になったような気分で、また一から自分自身、出直してみようかな、いろいろ勉強させていただこうかな、という気持ちでいっぱいでございます。

板橋　やはり将来は介護ケアとか、精神的に支援を必要とする人の支えになってあげたいとか、いろいろなご計画があるとお聞きしておりますけれども。

塩沼　そうですね。いろいろなことで身寄りのない人、あるいは生まれながらに親のない方がたくさんいると思うんです。自分のできる範囲内でいろいろなことをしていきたいという考えがあります。でも、いま何ができるかと言ったら、一つ一つ自分のできること、仏様から与えられた仕事を一つ一つこなして、将来の大きな夢なり目標に向かって歩んでいきたいと思っています。

板橋　あれだけのご修行をなさって、ご自分のための修行を、利他行といい、他人のための行だと言うんですね。自利、利他ということを仏教用語で言うんですが、いま阿闍梨さんが申されるには、あんなに自分の追求だけをやっておられる方が、それを利他行、人さまのための行だと言い切られるまでになられたのは、ちょっとすごいことですね。すごいというか、感服しますね。私が心服するのはここです。

世間でいう鍛練といったら、自分の鍛練だけですからね。それが利他行というところまで出てくる。ほんものの人という感を深くさせられます。

私が思うには、オリンピックで金メダルを取るような人は、ある意味で回峰行をするのに決して劣らないぐらいまでの難行を積んでいるわけです。普通の人間ではできないような技《わざ》の積み重ねをやっているのですね。でも、その人たちは、利他行ということでやっているかというと、国のために金メダルを取ってみんなを喜ばせるということはあるでしょうけれども、ちょっとやはり違いますね。自分を輝かせて人々に賞讃されたいという気持がある。

特にいまのスポーツは、それですぐにお金になりますからね。日本の武道などと根本的に違いますね。野球の選手なら、お金のより高いところに行くでしょう。当たり前といえば当たり前ですけれど。現在では国際市場にまで売り出して何十億円の取り引きをしているようですね。それでは利他行ではなくて、自利行に終わってしまうわけです。スポーツと仏道の違いでしょうか。

阿闍梨さんのように最高の修行をして、最後は多くの人たちの役に立とうと心がけておられる、自分を捨ててまでも人のためにする志には、やはり私は感服いたしますね。

こころざしを持つ

板橋　あらゆる生き物は、一木一草に至るまでいのちのある限り、自己表現なんです。私が思うには、スミレやらタンポポでもあんなにきれいに、何とか美しくなろうとする。箇単に言うと虫を呼んで次の子孫を残すためなんだという説明で、それで理屈は済みます。でも、あんなデザインをいったい誰がしたのか。

孔雀《くじゃく》など、パーッと広げたときにあのようなきれいな模様ですが、孔雀は自分で見たこともないんですからね（笑）。天の摂理《せつり》で自分を表現するようにできているのだと思うのです。天の摂理としか言いようがないですね。そういうふうにして自分を表現しているんですね。

花やほかの動物はみなそうなんです。ところが人間だけは、自分を滅してまでも、人のために尽くして充実感を喜ぶ。自分の身体や財産を犠牲にしてまでも公《おおやけ》に生きる。本当の真実に生きる。自分の心から納得することに生きたいという一種の精神的な欲求。ここが人間だけにある「志」ですね。その志が高く、純粋であればあるほど、人々が敬服します。年代を問わず、輝きます。ここに人間が万物の霊長と言われるゆえんがあります。

では、その志とは何か。たしかに総理大臣になりたいというのもあるでしょう。仕事や研究の業績もあるでしょう。しかし本当の志というのは、自分自身に納得することだと思うんですね。日展作家になって賞をもらうということも大事なことでしょう。そういうことを抜きにして、自分に納得のいく作品に生涯かけて取り組む人もいます。そういう人はそのときは認められなくても、後に国宝になるようなものを作る人ではないかと思います。

人間だけが自分を滅してまでも、自分自身に納得したい、いのちを充実させたいと思う生き物です。行のすさまじさを聞いて感じましたね。能力を付けるためだったら、いまのスポーツやら金メダルとちょっと似ているところがありますが、最後は人のために生きる。早くいえばどこかの管長さんになるよりも、田舎のお母ちゃんと縁側でお茶を飲んで、ややあとやっているほうが楽しいと言われるところに、私は深く感銘するものを感じますね。涙が出ます。

微笑みを生きる

塩沼　山を歩いていますと、いろいろなことを教えてくれます。大自然が、一木一草が、鳥や動物たちがいろんなことを教えてくれます。そのなかで、山にいるときの自分は、自分でいうのもおかしいんですけれども、何て自分の心がこんなにきれいなんだろうと思うほどでした。でも山の中は、大自然の中で自分一人だったんです。ただ一人強くても、ただ一人清くても、何か虚しかった。

そこで思ったことは、人間というのは人と人、お互いに何か分かり合って、初めて喜びを感じる。山の中でいくらつらいことに耐えても、苦しいことに耐えても、これはやはり虚しいなと。もちろん心にはいつも充実があり十分に楽しいのですけれども、一人でいる虚しさというのがございます。

やはり里に降りて、皆さん一人ひとりとお互いに理解し合う。これが理解し合えたときには、ものすごい喜びがあるわけですね。これが例えば自分の友人だったり、家族であったり、いろいろな人との出会いの中で、これが非常に楽しいのです。

今日一日という日は、とても大事な一日です。そんななかで多くの人との出会い、また別れがあります。そんな時の流れの中で、常にいろいろなつらさ、寂しさがめぐり来るときもあります。そんなときでも常に心豊かに、皆さんと出会って、理解し合って、笑いながら、いい人生を一日でも多く積み重ねていきたいと思っております。

板橋　すごいことですね。今後のことですが、願わくは、あまり無理な修行はしないでください。長生きしてください。

塩沼　はい（笑）。

板橋　そこまで体験されたのだから、普通の健康を保って、食べるものを食べて、しかも食べすぎないように食べて（笑）、すこしでも健康になって、人と語り合える、ごく当たり前の人になってほしいと思うんですね。

宗教家はボランティアの精神とか慈善事業とかを実践すべきだと言われます。それはそれで大事だと思うんですね。ところが、本当の宗教というのは、ボランティアとか何とか、行動や量のことではないと思うんです。

ロダンの「考える人」というのがありますね。地獄門からこうして顎に手を当てて、いかに苦しんでいる人を地獄から救おうかと方策を練っている姿ですね。もちろん彫刻的にはすばらしいものですね。

ところが、同じ考える人ですが、奈良や京都に弥勒菩薩の半跏思惟像《はんかしゆいぞう》というのがあります。法隆寺や太秦《うずまさ》の広隆寺ですね。あれを見て、あそこからパン一個もらえるわけじゃないんです。あの半跏思惟像の観音様は、パンをあげようかなというのではないんです。ただ悲しいといったら悲しいな、うれしいと言ったらうれしいな、そういう相手の人と一つになっている心を象徴したお姿ですね。

千年後のわれわれがそこへ行って、つい手を合わせたくなるのですね。お賽銭《さいせん》まであげたくなるのですよ。自殺しようかと思い詰めていた人も、あの仏様を拝んだら、そんなことはやめようかとなる。

そういう微笑《ほほえ》みというもの、それはモナリザの微笑みと違うのですよ。同じ微笑みといっても、あらゆるものと、あるゆる人と一つになっている、自分を空《くう》にしている心といえばいいでしょうか。それが仏教の本当の慈悲であり、慈悲の実践ではないかと思います。

軒下《のきした》の風鈴《ふうりん》のように、東西南北の風に応じて響きを鳴らしている。そんな人になりたいですね。

ですから、阿闍梨さんに私がお願いしたいことは、これだけの道場を建てられたんですから、ここへ来る人たちに微笑みを与える人になっていただきたい。そうすると多くの人がやって来ます。その人たちを大きく包む人になっていただきたいですね。

塩沼　ありがとうございます。

徳ということ

板橋　もう一つ私は阿闍梨さんに感服するものがあるんです。単なる修行者ではないですね。なぜなら、この道場を建てるときに、板一枚でも、カンナを削っただけじゃない、磨いているんですね、そうでしょう。

塩沼　ええ。

板橋　だから木目《もくめ》が出ているのです。あれは何でやるんですか。

塩沼　ヤスリです。

板橋　カンナは削るだけですからね。あとで塗料を塗るんですね。塗料を塗ってはあるけれども、木目の手触りがありますね。そういうことにまで気をつかってやられる。

これは単なる一行者としてではない、何かその人に備わった、本物志向というのでしょうか。高尚な感覚、すばらしい感性の持ち主ですね。ご自分で実際に手がけてやっておられる。ただの人でないと思いますね。もちろん、ご自分はそんなことは気づかないでいいんですよ（笑）。

塩沼　ええ（笑）。

板橋　自覚しなくてもいいけれども、人は感服しますね。これを普通の人が見たら、あまりそんなことまでは気づきません。木目にまでこんなに努力しているとは。ですが、だれかが来たときに何となく惹かれるでしょう。何となくというものには、やはり手間暇《てまひま》をかけた何かがありますからね。そういうものをお持ちです。この建物一つ見ていても、本物志向の人柄がしのばれます。

それが人徳《じんとく》になって、多くの人が来ます。ですが、そういうことに溺れないように。それが一番恐ろしいんですから。恐ろしいというか、そういうことに堕落しないことが、もっと大きな修行です。そこに目を向けてこれからやっていただきたいと思います。

塩沼　はい、ありがとうございます。

板橋　あと、私の弱点から反省して阿闍梨さんに老婆心《ろうばしん》から申し上げます。私は何で八十歳にいたるまで修行道場にいるかというと、自分がだらしないことを知っているからです。だから、人と一緒にやらないとだめなんです。それで、若い修行僧と助け合いながら現在も修行しているのです。

ところが阿闍梨さんは、お一人でもやれるんですね。ですが、やっぱり大勢の人と一緒に修行してください。私の場合、大勢の人と、四時なら四時に起きる、振鈴《しんれい》というのを鳴らす。そのときは自分は五分でも早く起きる。早めに坐禅して、眠くないような顔をして、あと坐禅が始まってからこっくりこっくりしてもいいから（笑）、人の先頭を切ってやるというような格好で、お互いに人の目を気にして生きる、秩序を保ってやる。それが修行道場のいいところです。

ですから、ここを多くの修行僧に開放して、また私生活をお持ちになってもいいと思いますよ。お母さんだろうと、いろいろな家庭をお持ちになってもかまわないから、修行者が来たら、どうぞいらっしゃいと言って、同じ共同の修行道場にしていただきたい。それが本当の道心であり、人に感化を及ぼすことだと思います。その感化を及ぼすものは物の量の問題ではなく、心の純朴さだと思います。この老僧からのお願いです。

第四章　修験道の世界

聖地、吉野・熊野

板橋　先年、吉野と熊野、それから高野山が世界遺産に指定されたということですが、その後、阿闍梨さんはよく吉野のほうへはいらっしゃいますか。

塩沼　私は吉野には年に数回、修行に参りますけれども、世界遺産になりましたのは吉野・熊野の参詣道ということで、道が世界遺産になったということですね。吉野の蔵王堂まではけっこう人がにぎわっているようですけれども、それより先の修験《しゅげん》の修行道というのはいままでとあまり変わらないようです。

板橋　吉野・熊野というのは、古来からずっと宗教の聖地ですから、阿闍梨さんがそこを選んで入って行かれたというのも、やはり何か宗教の聖地である吉野に対して特別な魅力を覚えたということでしょうか。

塩沼　はじめ仙台におりましたころは、そういう吉野や大峯山に対する魅力はあまりよくわからなかったのですが、現地でお山に入峰《にゅうぶ》して修行をしていくたびに、他の山とはちがう霊山《れいざん》だなという印象を受けました。

山から伝わってくる雰囲気なのですが、開祖役行者《えんのぎょうじゃ》の千三百年以来、いろいろな行者さん、先達《せんだつ》さん、多くの人たちが血と汗と涙を流されて歩かれたんだなという雰囲気が伝わってまいりました。

板橋　やはりそういうものは伝わってくるものなのでしょうね。

塩沼　ええ。理屈ではなく、山から出てくる雰囲気、そういうものを感じ取ることができました。

禅師様の永平寺とか能登の総持寺などは、やはり山の中にあるということで、そういう名山とか聖地とか、そういうものとは関係がございましょうか。

板橋　ええ、日本の宗教、仏教はもちろん、神道もそうですけれども、森とか山をよりどころにしていますね。鎮守《ちんじゅ》の森に代表されるような山に対する言い知れぬ、一種の神秘、森厳《しんげん》さ、そこに入ると心が静まるようなものを直接感ずるのが、日本人の魂ではないですか。

私は以前、横浜の総持寺に木を植えようと思ったんです。樹木が少ないですからね。それで、ひそかに明治神宮を散策させてもらったのです。庶民のにぎやかなお参りという雰囲気ではないんですね。ただ参道をざくざくと歩いていくんです。森があるからですね。あそこに入っただけで、あの大都会の中でありながら何となく静かなものを感じさせる。

一歩先は電車道があるけれども、あそこに入っただけでしーんとなるんです。しかも参道がザクザクとする、玉砂利《たまじゃり》です。明治神宮の魅力ですね。毎年元日、三日間で三百万を超える人出がある。これは日本一でしょう。

明治神宮にお参りする人々は、明治天皇にお参りするという意識はあまり持っていないと思います。やはり、あの森です。ただし、明治天皇のお徳が、あれだけの森厳さを作ったのでしょう。いまから百年ぐらい前のことです。日本人は山や森林の深さ、そういう神秘さを感じさせるものに敏感な魂を持っていますね。これは日本人の宗教心、魂の根源だろうと思っています。

そういう意味では、吉野の山というのはやはり霊山ということです。修験道《しゅげんどう》と申しますと、どうしても山岳宗教ということに理解されますけれども、そういうことを実感なさったわけですね。

塩沼　おそらく修験者に限らず、昔のなにかそういうものを求めて志す方々、先人たちは山に入る。そして自分自身を見つめなおすということが日本の歴史の中であったと思うんです。神道で言いますと、昔は神籬《ひもろぎ》・磐境《いわさか》といって岩や木を植えてそれを崇拝していたということもうかがっております。

また、開祖の役行者は千三百年前、五濁《ごじょく》悪世《あくせ》、非常に世が乱れてきた、人の心もすさんできたということで、当時は神仙境《しんせんきょう》という理想郷がありまして、山やそういうものに先祖やら神やら神聖なものが宿るということで、何か人間の原点のようなものを求めて、山に入って、自分自身を見つめ直したのではないかと思うんです。

役行者と蔵王権現

板橋　いま役行者の話が出ましたけれども、修験道の開祖は役行者とされているんですね。

塩沼　ええ。

板橋　役行者という方はエピソードもたくさんありますが、わからないことも多い、伝説的な方でいらっしゃいますね。

塩沼　ええ。いまから千三百年前、葛城山《かつらぎさん》のふもと、茅原《ちはら》の里《さと》でお生まれになって、小さいころからどうしたら世の中が救われるんだろうかと。いま人々は大変困窮している。当時の国家仏教に対して、これではいけない。鎮護国家ということだけではない、本当に庶民の人々の救いをということを考えておられました。

当時、茅原の里から見て大峯山系というのは非常に神々《こうごう》しかったということで、役行者は山に入って、そして食べるものもない山の中で、木の皮やそういうものを身につけて、裸足で山々を駆けめぐり、大峯山に一千日間の参籠《さんろう》をしたのだそうです。

そして難行苦行の末、ちょうど一千日の満願のときに、第一番目に、お釈迦様が現れた。ありがたいことではあるけれど、お釈迦様はインドの仏様であるし、いまの日本の人には理解できないのではなかろうかということで、さらに祈りを続けられたのだそうです。そうしましたら、次に千手観音《せんじゅかんのん》様が現れた。観音様はあまりにやさしすぎるかもしれない。さらにもう一度祈られたところ、世直しと病気直しの弥勒菩薩《みろくぼさつ》様が出現された。

どの三尊様も非常にすばらしい仏様ではあるんですけれども、この世、五濁悪世において、人々の心が本当に改まるような仏様をと、さらに強い祈りを込められたところ、天地が鳴動して、すさまじい雷鳴とともに大峯山の山頂から湧出されたのが、金剛蔵王大権現《こんごうざおうだいごんげん》だという言い伝えがございます。

顔が憤怒《ふんぬ》の相で、右手に三鈷杵《さんこしょ》を持ち、お不動さんのような非常に怖いお姿をしておられます。この本尊こそはこの世を救うにふさわしい仏様だということで、桜の木でそのお姿を刻んで、大峯山頂の蔵王堂、下の吉野山の蔵王堂、山上山下にお祀りしたのが、金峯《きんぷ》山寺《せんじ》の始まりだと言われております。

なぜ、怖いお姿を行者は求められたのかというと、人間はやさしい顔で「こうだね、あだね、だめだよ」と言われるとなかなか改心しない。例えばお父さん、お母さんから「こら」と怒られて、初めて自分の悪いところに気が付くようなものです。

そういう意味で、人々が改心するようなお姿を求められたのですね。人間には善心と邪心がございますけれども、邪心をいさめるような強いお姿を望まれたのだと思います。

板橋　蔵王権現のお話が出ましたが、こちらの慈眼寺の御本尊様も蔵王権現でございますか。

塩沼　ええ。さようでございます。

板橋　興味深いなと思いますが、最初は釈迦如来が出て、それから観音様が出て、それから弥勒様が出られたけれども、いずれもそれでは不十分というと語弊があるかもしれませんが、さらにもっととお祈りしていたら、蔵王権現がご出現なさったというお話なのでしょうか。

塩沼　言い伝えによると、お釈迦様は過去世を表し、観音様は現世を表し、弥勒菩薩様は未来世を表す。過去世、現在世、未来世、この三世すべてに渡って私たちを救済してくださるというご誓願で現れたのが、蔵王権現なのだそうです。権現《ごんげん》というのは権《かり》に現れるということで、非常に強いお姿をしているんですけれども、本地はお釈迦様、観音様、弥勒様です。どの親も本当に憎らしくて子どもを叱るのではありません。だめなものはいさめてでも、心から子どもを思っているという優しさ、その両面を現したとうかがっております。

吉野・金峯山寺 蔵王堂

板橋　なるほど、いまお聞きしましたように、権《かり》に現れたお姿だから権現と言うわけですか。お釈迦様、観音様、弥勒様が本地でいらっしゃって、権現様として現れたのが蔵王権現ということなのですね。

日本人は本来、いわゆる山岳信仰、自然宗教ですね。大きな山を見たり、大きな木を見たり、大きな岩を見たりすると、畏敬の念を抱いたようです。そのときに、すべてに霊魂が宿るという意味でアニミズムという宗教用語がよく使われるのですが、西洋の一神教から言いますと、これは最も原始的な宗教なんですね。

原始的というのは、素朴な、根源的な、粗野なという意味です。しかし人間の動物としての感情に訴えるアニミズムこそ、人類の最も自然な宗教感情だろうと思います。だから、西洋の一神教が成立するまでは、みんなアニミズムの宗教だったろうと思います。

アニミズムの宗教は、どうかすると邪教にもなるんです。祟りとなったり、悪魔になったり、そういうことで弊害もあるわけです。それらを正そうとするのが西洋の一神教ですね。ところが、人間にとってアニミズム的な感情というのは、最も自然な感情だと思います。

無理のない素朴な情緒をつつんでいますね。西行法師の「なにごとのおわしますかは知らねども　かたじけなさに涙こぼるる」という歌がありますね。私はあれがアニミズムの感情の神髄を言っていると思います。

何かは知らないけれども、厳粛な気持ちにさせられる。明治神宮に行くと粛然とする。森厳とさせるものは一本の木か、一枚の葉っぱか、そうではない。それらが寄り集まったものかというと、その集合体でもない。そうではなく、そこからかもしだされる得も言えない雰囲気、これが日本人の心魂に訴えるのです。

そういう感性というか精神性が、日本にずっとあったのです。そこに仏教が入ってきたんです。仏教はお釈迦様の申されたように悉有仏性《しつうぶっしょう》、あらゆるものがみな仏さまで、一木一草にいたるまで間違っているものはない、輝いているといわれる。

間違っているというのは、自分で自分の頭の中であれこれ作り上げて迷いを生じているからだ。お釈迦様は一木一草にいたるまでみんな悉《ことごと》く仏性で、はじめから成仏しているというんですね。

自分が頭の中で問題を起こして勝手に悩んでいるというのが、お釈迦様の教えです。それで日本のアニミズム的な感性といっぺんに共鳴し合致したのだと思います。

修験道と神仏習合と廃仏毀釈

板橋　金峯山寺というのは蔵王権現をお祀りしている吉野の中で一番中心になるお寺様でございましょうか。

塩沼　ええ、一番中心になるお寺が金峯山寺になります。それに、護持院というものが、竹林院、桜本坊、喜蔵院、東南院と数カ寺あるのですけれども、先ほども申しましたが、明治の廃仏毀釈《はいぶつきしゃく》以前は、百二十数カ寺の塔頭《たっちゅう》寺院があったと言われています。現在は、金峯山修験本宗《きんぷせんしゅげんほんしゅう》といいます。修験道の中の宗派のひとつです。

板橋　修験道というのは、神仏習合《しんぶつしゅうごう》のたまものと言っていいでしょうか。

塩沼　役行者以降、どのように修験の歴史が流れてきたかはわからないですけれども、修験道というのは、仏教、神道、儒教、道教などいろんな宗教が習合して成立し、時代の流れとともにずっと信仰されてきたと思います。純粋に自然の中で悟りを求めていく山岳宗教であり、神仏一体の宗教であったと思います。修験道の修行者は俗に山伏《やまぶし》とも呼ばれてきました。

板橋　私たちは山伏というと独特のイメージをもちますが、山伏というのは行者さんのことですね。

塩沼　山伏というのは山に伏して修行するというところから、山伏と称されているので、おっしゃるとおり、行者が山伏だと思います。

板橋　明治に廃仏毀釈、神仏分離というものが起こりますが、これはそういう意味ではもともと無理な分離だったわけですね。

塩沼　その時代のことは詳しいことは分かりませんが、いまの管長様のおじいさんやらが大変なご苦労だったということをおうかがいしております。金峯山寺の寺領がすべて国に召し上げられたり、多くの堂塔が破壊され、数多くの仏像などが捨てられてしまったと。

板橋　私も、仏教を打ちこわす廃仏毀釈の具体的なことはあまり知らないのですが、感じから言いますと、いわゆる国家神道という国の方針によって、いままでの混沌《こんとん》とした神仏習合のようなものに筋目をつけたのでしょうね。

　これは本当の信仰だ、同じ神様でもこれは本物ではない、亜流だ、いわんや仏教のように外国から来たのはだめだとか、国民の地から生えたような、雑草のような混沌とした宗教的な感情に、国家という理念の下、思想的に筋道を立てたのでしょう。これは一見もっともらしいですが、私は無理があると思います。人間の肉体や精神は、理屈で整理されるようにはできていないのです。混沌は混沌ながらに息づいているのが自然だと思います。

これが宗教の本源だというのが私の考えです。

西洋もたぶんそうだったのでしょう。邪教やら非科学的なこともあったでしょう。それでアニミズム的な宗教を捨てて理性的になって、文明社会になったので、一見よさそうなはずです。ところが、何でこんなに犯罪が多いのか。何でこんなにカサカサした社会になったのでしょうか。何で宗教のために戦うのですか。何で神の名において、テロをやるのでしょうか。

私の小学校のころ、「そんなことをしたら罰《ばち》が当たるよ」、「米粒を捨てたら目がつぶれるよ」、「もったいない」とか言うんですね。「罰が当たる」といわれると、われわれは分かります。それを西洋的な論理からいうと、「何々の行為によって何々の神が刑罰を与える」、そういうことを言わないと論理が立たないのですね。

ところが、いなかのじいちゃん、ばあちゃんは、「そんなことしたら罰当たる」と言って、それですべての法律、道徳までがあてはまる道理なのです。すべてが間に合ったんですね。「お天道様《てんとうさま》に申しわけない」と。いかにも素朴な信仰ですが、私はこれは人類の根源的な感情だと思います。

それを、国家神道だといって理屈をつけて、近代国家ができたんです。近代国家ができたために、国内だけですんでいた戦争が、国対国の戦争にまでなってしまう。これだけ文明が進んで、便利で快楽で快適になったけれども、はたして現代社会はこれでいいのか。そこらに大きな問題がありますね。

塩沼　そういう意味で、吉野、熊野はもちろん、高野山もそうですが、金峯山寺を中心にした吉野の宗教的な聖地、あるいはそこで培われている宗教性といったものは、大変に重要なものだと思います。人間本来の姿に立ち返るということでは、非常に大事な場所であり、聖地であったわけです。いま現在も、そして今後も、そうであってほしいと思います。

修験の修行とは

板橋　修験道と申しますと、その修行が大変に荒行《あらぎょう》であるというイメージがあります。回峰行はもちろんですが、山に籠って修行するということについては、どうお考えですか。

塩沼　開祖の役行者が難行、苦行、荒行をされた行者さんだったのですね。千三百年前、開祖が歩まれた、開かれたお手本、それを私たちが踏襲しているというだけのことだと思うんです。役行者は「身の苦によって心乱れざれば、証果《しょうか》自ずから至る」というご遺訓を残されました。苦行をすることによって、心が乱れず、平常心で普通にいられることが、いわゆるひとつの悟りであるということですね。

人間は自分を甘やかしたらどんどん甘えていきますので、甘えた自分をきちっと改心させるために、本来の人間の姿とはどうあるべきなのかと、徹底的に自分自身を鍛えるのです。死んではいけませんけれども、死ぬ一歩手前まで自分自身を追い込む。自分自身の心がどうあるべきかということを問いただすために、厳しい修行を通じて自分自身をどんどん深く掘り下げていくのです。

ただ、苦しめばいいとか、苦しい思いをすればいいとかいうのとは違うんです。いかに行を通して自分自身の心を見つめて、邪心をいかに抑えて本心を引き出してくるかということが大切です。常に新しい自分と出会っていく。これが行にとって一番大事なことであると思うんです。

山でいくら千日回峰行をしました、こんな荒行をしました、断食をしましたといっても、人間はつらいもの苦しいものに対して、それに耐える気持ちがおのずとそなわっていて、力と勢いがあれば、それに強く立ち向かうことができると思うんです。

ところが、いったん行が終わりましたというときに、甘いもの、やわらかいもの、ぬくいもの、そういうものには非常に人間の心は弱いのです。では、そういうものを、行が終わったときに、どう克服できるのか。人間は追い込まれたら一生懸命に頑張ります。しかし何もないときに、自分自身をどう精神的にコントロールして追い込むことができるか。

そのへんも含めて修行をしないと、行が終わったときにはもぬけの殻になります。

ですからそういう意味でも、もっとさらに一歩、また一歩、自分自身を突き詰めていかなければならないというのは大事なことではないかと思います。それが修験の修行です。

そういう意味では、開祖は千三百年前、衆生済度《しゅじょうさいど》に、五濁悪世の世にふさわしい本尊を、ということで修行された。開祖の歩んだ道、そこから私たちに伝わってくるもの、開祖の気持ちが代々行者を通してみんな受け継がれてきて、いま私たちが生かされている。今もそれが伝わっているということは、山の力、法の力というものは、非常にすばらしいものがあると思うんです。

偉大な仏教の開祖であるお釈迦様が歩まれた、そういう大事な足跡、あるいは私たちの開祖の足跡、これをたどりながら心を研ぎ澄ませていくことができるということは、非常に幸せだと思います。

板橋　いま、修験の荒行と言われるようなたいへん厳しい修行が、開祖の役行者の衆生済度の願いから始まったというお話がありました。衆生済度というのはわれわれのような凡夫、凡人を救ってくださるということですね。

そのための荒行ということですが、普通、行というと、自分のためにするというか、自分を鍛えて自分の悟りのためにするのかと思いますが、必ずしもそういうわけではないいんですね。

塩沼　行というのは、いかに人のために生きられるか、あるいは、自分が生きがいを持てるかということを考えていったときに、どちらも大事だと思うんですね。人のために生きて、初めて自分自身も磨かれていくと思うんです。人は、自分自身一人だけでは生きていけないし、周りの支えがあって生きていくのですから。皆さんのために生かさせていただく。自分自身もそれによって磨かせていただく。

お互いが理解し合うということは幸せでもありますし、山でいくら一人清くても、一人正しくても、何の楽しみにもなりません。やはり山で修行して新しい自分を発見し、そしてまた里に降りてきて皆さんと楽しく相まみえる。これがすばらしい行の姿であると思います。

禅師様、そのへんについてはいかがですか。禅の修行とは、ちょっと簡単には比較できないですけれども。

板橋　本当の修行とは、何気ない日常生活がそのまま修行であることに納得していることです。私が阿闍梨さんに申し上げたいのは、これから大事にしてくださいということです。

人間は頑張るときなら、例えば金メダルのためなら一生懸命やると思うんです。けれども、日常の生活で、どうやって金メダルの日常生活を送れるかというと、これはまた別で

すからね。攻めるときというのは案外やれるんですけれども、普通の生活に戻ったときに、どう身を処していくかということが問題ですね。

塩沼　そうですね。

板橋　それを昔から、偉大な聖人は市《いち》に隠れると言う。市というのは市街地、町の中です。いわゆる日常生活の中に隠れると。山に隠れるのは普通の聖人であって、本当の聖人は市に隠れる。どこにいても、自分の心境に日常生活の中でさりげなく親しんでいる人のことをいうのでしょう。

塩沼　「和光同塵《わこうどうじん》」という言葉がございますね。

板橋　ええ。そこから出てくるのでしょうね。しかし、この和光同塵を最初からやっていますと、性なしになるでしょうね（笑）。けじめを立てる。けじめを立てる基本は、厳格なほどよいですね。

霊力・験力をめぐって

板橋　ところで先ほど、修験の荒行という話を聞きましたけれども、行力《ぎょうりき》とか験力《げんりき》とか霊力《れいりき》とか申しますね。大変な修行をすることによって、尋常ならざる力を獲得する。実際、修行というのはそういったものを培ってくれるのではないか。そういうことに関しては、いかがですか。

塩沼　そのことに関しては、九年の間、あまり力を入れて考えたことがございませんので、よくはわからないのですけれども、人間には雨を降らすことも、風を止ますこともできません。

板橋　やはりできませんか。

塩沼　ええ。ですから、与えられた環境の中で、雨降れば雨、風吹けば風と、感謝して生きていきたいということを念頭に行をさせていただいたので、そちらのほうの努力はしていなかったですね。

板橋　そうですか。千日回峰行の行者様などというと、大変な霊力があるんじゃないかと思われる方も多いのではないですか。

塩沼　ええ。そういう方面で努力していたら、いまごろ空を飛んでいるかもしれません（笑）。

板橋　決してそういうことではないと。

塩沼　ええ。往々にしてそういう話はよく聞きますけれども。

板橋　例えば、たんに力持ちというだけだったら、お相撲さんは力持ちです。プロ野球選手だって、マラソン選手だって自分を厳しく鍛錬しますから。しかし、その人たちがわれわれ人間の生きる道の指標というか、われわれの精神的な支柱になるかというと、それはまた別なんですね。だから、体力やら行力やら験力だけでは、十分ではない。自我心を滅して、他人のために身を粉にするところにまで目を向ける、利他的な面をもっているかどうかで違うと思いますね。

ですから、たんに荒行をやったというだけでしたら、行力だけの人だったと思いますが、身を粉にして微細なところにまで気を配って、多くの人たちに何かお茶でも一杯というところに目を向けられる、これが私はすばらしいと思います。

おれは行をやったんだと天狗になっているだけだったら、荒武者というだけにすぎませんからね。

塩沼　修験者は、たしかに霊力とか神通力《じんつうりき》とかいうものの有無を言われますね。例えば、私も一日四十八キロ、夜中に出発して夕方に帰ってきます。吉野のお山のふもとのおばちゃんたちも、毎日同じ時間に帰ってくるのを見ています。大峯山に行って帰ってくるのを「天井帰り」というんですが、天井帰りをする人間は化け物だと昔から言われていたらしいです。

これを毎日やっているわけですから。何で同じ時間に帰ってきて毎日やっているんだろということで、おばちゃんたちが不思議がるんですね。だから、みんな行者さんは雲に乗っているとか、空を飛ぶとか、そういう表現をしたんじゃないでしょうか。実際に人間が空を飛ぶとかいうことは、とても難しいことだと思うんですが（笑）。

板橋　こちらから見ていると、行者さんがそんなふうに見えるということですね。でも、そのおばちゃんたちは心から尊敬しているでしょう。

塩沼　ええ、ありがたいことです。

板橋　それはそうですよ。雲に乗ってくると思われるぐらい、超人的な修行を毎日やっているんですからね。本当に毎日、姿を見ていますからね。そういう人たちこそ、昔、真言・天台の山岳仏教の修行者が山の中へお堂を建てるときの力になったと思うんですね。この慈眼寺だって仙台から山奥の地ですが、短期間にこのように堂々たるお寺が建ちましたからね。それはやはり阿闍梨さまの修行力に敬服し、信仰する人たちが寄進して建ててくれたと、私は思います。

塩沼　本当に感謝いたします。いま思えば、私もなぜこの行ができたんだろうと思うんです。一人では実際に不可能だと思うんです。いまやりなさいと言われたら、三日ももたないと思うんです。何でできたのかというときに、不思議な力、自分でも理解できないような神仏のご加護というものを感じます。

「素直」と「謙虚」のわらじを履く

板橋　大変に印象に残っているのは、行の初めの頃は、幻のイノシシが出たり、恐ろしい魔ものが出てきた。それが過ぎたら今度は天女とか、そういう麗しいものが現れたと。しかし九百日近く、行の後半になってからは、もう何も出なくなったと言っておられましたが、その何も出なくなったというところに大きな意味があるのではないかという気がいたします。そのへんはどうお考えですか。

塩沼　そのころになりますと、行の終わりの頃は、自分の思いの中では、右足に「素直」、左足に「謙虚」というわらじを履かせて歩いておりました。「素直、謙虚」、「素直、謙虚」と、ただそれだけです。あとはひたむきに、心はひたむきに、一歩一歩、「素直、謙虚」と。それだけしか考えずに、歩くというよりは歩かせていただくという気持ちに変わってまいりました。

板橋　そうでしたか。すばらしいご心境ですね。感服します。よく六根清浄《ろっこんしょうじょう》と、山登りでいわれますね。西洋では、山を征服するということがいわれます。全く正反対の思想ですね。

塩沼　懺悔《さんげ》、懺悔、六根清浄、とはよくいわれますね。

板橋　そういうことが宗教の極意だと思うのです。禅では、いろんな幻覚が出るのを、魔《ま》境《きょう》というんです。坐禅でも一生懸命やると、はじめは恐ろしいものが出たり、そのうちに仏さんや観音さんが目の前に出るんです。そこで喜んでいると、とんでもないことになる。それで間違ってしまうと、どこかの新興宗教の教祖のようになってしまいますね。

われわれ禅宗のほうではこれを魔境といいます。それをぶち破らないとだめなんです。そんなのは幻覚や幻想ですからね。それを打ち破ってくると、淡々とした心境になります。

私が質問されたとします。「あんた、仏教を信じてますね。坐禅とは結局、何ですか」と問われたら、「うん、ごく自然であることや、それ以外にないですね」と返答します。心もからだもごく自然でいることです。何が自然かが問題なんですけれども。こちらが謙虚、こちらが素直、と一歩一歩歩かれる。それを淡々とやるんです。それが自然なんですね。

私はそれを、いつも「ありがとさん、ありがとさん」と自分でつぶやいております。何々に感謝という観念でやっているんではないです。いまの一刻一刻に目を向ける。自分自身を見つめるために、私は「ありがとさん、ありがとさん」と心の中でつぶやくように努めています。

とかく人間は言葉で考えるのです。自分の都合でグチグチ考えがちです。妄想になってしまいます。妄想を風で流すように、唱えごとをしなさいと言うのです。しかも意味のない言葉がよい。いまここにこうしていることが、何億年来の出会いなのです。それで私は「ありがたし」にしました。

それから、「ありがたし」が「ありがとさん」になって、「ありがとうございます」にまで通ずるのですね。「ありがたし」「ありがとさん」と言うと、心がすっと内に向くのです。静めようとは思わないけど、心がすっとなるのです。そういう意味で、その人なりの言葉をもつ。それで心が静まるんですから、やはり自分の唱え言葉をお持ちになったらいいだろうなと思います。阿闍梨さんが修行中にお唱えするのはどういうご真言《しんごん》ですか。

塩沼　蔵王権現のご真言ですね。

板橋　そこですね。それは意味ではないんですよ。真言十万遍やったら、「ありがとさん、ありがとさん」「なんまんだ、なんまんだ」の十万遍と同じなんですね。そういう意味で、吉野の大自然の響きと真言の響き合いが回峰行ともいえますね。

一言で吉野の自然とか山のことを言うのは難しいのかもしれませんが、そこをあえて言っていただくとするとどんなふうになりますか。

塩沼　一言で言うのは難しいのですが、昔をずっと振り返ってみたときにいろいろな開祖様がいらっしゃると思います。仏教でいったらお釈迦様。お釈迦様はバラモンのあり方に、これではいけないということで出家して森に入られました。西洋で言ったらイエス・キリストですが、ユダヤ教はこれではいけないということで修行に出る。役行者も奈良仏教を見て、やはり、あきたらなくて山に入られたのです。

山に入るということは人間本来の姿を訪ねにいくのではないでしょうか。おっしゃるように、「山川草木悉皆成仏《さんせんそうもくしっかいじょうぶつ》」です。山の自然にも仏の種子がある。樹木一本をみても、地球上の役割をきちんと果たして、すごく素直にお天道様に向かって伸びていきます。人間だけがいろんなことでつまずく。子どものときには邪心がなくて、無邪気というのでいいのでしょうけれども、大人になるにしたがって、いろいろな欲望にがんじがらめになって自分自身を苦しめている。

そんな苦しみから自分自身を開放するために、本来の姿、あるべき姿を訪ねるために山に入っていく、大自然の中に入っていくということではないかと思います。

山はいろんなことを教えてくれます。悪いことするなよ、人を思いやれよ、ああなりたいこうなりたいと欲を出すなよ、くよくよするなよ、あれこれ思い悩むなよ、そんなに悩むほど人生悪いもんでもないぞと大自然が教えてくれます。それを素直に受けいれると、少しずつ仏さまに近づいていくのです。大自然こそが最高の教科書だと思います。

修験道の未来と日本人

板橋　この慈眼寺は仙台の奥山ですが、同じ東北の羽黒《はぐろ》とか出羽三山《でわさんざん》とか、あのへんも修験の道場だと聞いています。吉野が中心といたしましても、修験道というのはこれからどういうふうになっていくのでしょうか。それを、最後にお聞きしたいと思います。

塩沼　本来、修験道は、山に入ることだけではないんです。「山の行より、里の行」という言葉があるように、里において社会においてどう生きるか。それが大事だと私は思います。

実際、禅師様のおっしゃるように、物質文明が非常に豊かになってきているなかで社会全体が抱えている問題もあります。快適な生活にはなってきているのですけれども、逆に全部与えられるだけですから。人間が快適に過ごしていくためにどうすればいいかということを全部周りがやってくれる。逆にこちらから求めていくことができない状態になってきています。人として大切な、何かを求めるという大事なことを忘れているような気がいたします。

山に入る修験者だけがそういう悟りの世界を求めていくというのではなく、一般の生活をしていても、それが行われなければなりません。

役行者は在家《ざいけ》仏教者なんです。ですから、最後まで優婆塞《うばそく》の立場を貫かれたお方なのです。在家でありながらも、一般の生活をしながらも、山を見て山ひとつから得るものがある。自分は何を求めていくのか。そういうものを現代人は持っていかなければならないのではないかと思うんです。

実際に、これはちょっと苦言になるかもしれませんけれども、修験道のいまということでお話をさせていただくと、私が山を歩かせていただいたときに、昼間すれ違う行者さんがおられる。行者さんといっても年に一度か二度、団体で登ってくる方たちなんですけれども、たばこを吸ったり、茶店で缶ビールを飲んだり、そうしながら山をハイキング気分で登ってこられる。往々にして、私はこれで何回登ったとか、これで百回目やとか、数にとらわれる行者さん、そういう方々もお見受けいたします。

山を歩いて深呼吸をして、山の霊気を感じて真剣に受けとめて求めていかなければならないのに、そういうことができなくなっている行者さんがおります。

そういう意味では、大事に山を守っていかなければならないんですけれども、それよりも、真の修験者というのが本当に少なくなっていると思うんです。昔、江戸時代に講社《こうしゃ》というものが発達しまして、大峯山に登ろうという団体の方々が今でもおられます。それはそれで結構なのですが、何のために山に登るのかということを深く掘り下げずに、受け身のままで山に来てしまう。

これも現代社会の中のひとつの波だと思うのですけども、修験者もそのへんの原点に立ち返るような気持ちを、一人ひとり厳しく持っていかなければならないのではないか。でないと、私は何回登ったかというようなことにとらわれて、そこに何の価値があるんですかと問われても答えることができない。そんなことでは、いったいどうなるのかということです。行には回数も位《くらい》もないのです。人が見ているから見ていないからではないのです。それが行なのです。

板橋　なるほど。私が能登の総持寺に行ったりするのに、電車やバスの窓から目立つのはお寺さんやお宮さんです。こんもりしているところに鳥居が見えるのです。私はそれを見ると、ふと救われる思いがするのです。お宮さんのあるところ、たいがい森になっています。

車の中からですが、よく注意して見ますと、鳥居の下が草ぼうぼうのところは一社もないです。お寺さんなら、ちょっと一カ月、雑草をとらなかったら草ぼうぼうになるんですね。お宮さんはちょっと見ただけですが、奥まできれいになっているように見えます。お宮さんの清掃はどんな人々がやるのかと、いつも心ひかれます。

具体的なことを言いますと、全国いたるところに新興住宅地ができました。ところが、そこの新しい住宅地にはお宮さんはないと思います。極端に言えば、そこにコンビニエンスストアや自動販売機があるだけでしょう。

森があり、お宮さんやお寺さんのある地区に育ったものには「ふるさと」意識は生まれるでしょうが、マンションの並ぶ街に育ったものには、「ふるさと」はあるのでしょうか。

宮脇昭先生という植物学の先生が言うのには、昔、神奈川県に鎮守の森というのが四千以上あったと言うんですね。ところが、二十年か三十年前のラジオ放送では、もう三十四個所しかなかった。いまではどうなっているのか。鎮守の森があっても、どんどん切られてしまうでしょう。

昔の家は、神棚や仏壇があります。朝、家を出るとき、今日は頑張ってきますと手を合わせる何かがありました。今の住宅にそれもないとなれば、家の中での中心、よりどころがなくなっていくように思えてなりません。

仏壇でも何でもよい、床の間の掛け軸一本でもいいんです。あるいはタンスの上の、先祖のお位牌や写真一枚あっただけでもよいです。心のよりどころというようなものがなくなるのは、こころ寂しいことではないでしょうか。

そこらに私は現代の病巣を見ます。というのは、文化的で近代的で便利で快適だけれども、犯罪やら自殺やらノイローゼやらが増えているでしょう。これからもストップがかからないほど進みます。そのときに人類が、いまさら鎮守の森を作れるわけでもないし、いまさら「もったいない」という運動をしても、そう簡単に「もったいない」の心は育たないでしょう。

このような時代に、阿闍梨さんのような若い青年僧が大自然に命懸けで精進潔斎《しょうじんけっさい》されたという、そのことの意義は大きいと思います。

第五章　〈行〉に生きる

回峰行は歩行禅

板橋　回峰行は歩行禅とも言われましたね。禅と回峰行の接点、そのへんのところからお話いただけますか。

塩沼　前にも申しましたが、禅のことに関しては、私は詳しくはわからないのですけれども、ただ、先輩からは、千日回峰行が歩行禅だと言われていることを聞いておりました。

実際に行に入りまして、はじめは山へ行って帰ってくることだけで精一杯でした。当然はじめのうちは雑念がいろいろと湧いてきますので、雑念が湧かないようにするためには、どのような修行法を自分自身で見出していかなければならないかという問題にすぐ直面いたしました。

まず、息を整えるということを自分自身の課題にして、息を整えるためにまず姿勢を整えなければならないことに気が付きました。そこで、姿勢を正す。腰を入れて、顎を引いて、ちょうど天から細い糸で引っ張られているような、そういう感覚で、あまりどこにも力を入れずに、ちょうどやじろべえのように、どこにも身体に負担がかからないような姿勢を作りました。

そうしますと、実際に歩いていて次なる問題が生じてまいりました。けもの道のような道を通っていきますので、当然平坦な道ではありません。木の根っこ、岩、そういうものがたくさんありますので、遠くばかり見ていると足がつまずいてしまった場合には、逆九の字型になって腰を痛めることになりました。

ところが、今度は足元ばかりを見ようとすると姿勢が乱れ、だんだん息が乱れ精神が乱れてきます。腰を入れて、顎を引いて、坐禅をする雲水《うんすい》さんのような姿を頭の中に思い描いて、力はどこにも入れずに姿勢を整え、息を合わせてやることによって、やっと精神が安定してきて遠くも足元も見えるようになりました。大切なのは呼吸とリズムだということがやっと分かったのです。

そういうことで、何も私は禅の経験はありませんけれども、すべて通ずるものがあるのかなと思い至りまして、先輩から聞いた歩行禅と言われる言葉を自分の身をもって実感したような気がいたします。

板橋　そうですか。歩行禅でいいんですね。歩行禅はそのまま宇宙禅ですよ。身体全体の動きの禅ですからね。禅とは宇宙の響きと身体のリズムがひとつになることです。

自然と一体となる

板橋　回峰行のなかで大自然のふところに抱かれるといいますか、大自然と向き合っていくというのは、どういう経験ですか。

塩沼　雨降れば雨、風吹けば風、あるがままお山と自分がひとつになることです。毎日歩く同じ山でも非常にやさしいときと厳しいときがあるんです。それは春のおだやかな日に蝶々が飛んで、一輪の山野草が咲いて、風もなく、ほがらかな日もあれば、一転にわかにかき曇って、厳しい嵐のときもある。でも、いつもと変わらない同じ道なんですね。

これを、一般の生活に置き換えた場合、つらさ、厳しさ、あるいはやさしさ、そういうものが人生の中で巡りくると思うんです。でも自分の人生には変わりない。そのつらさ、厳しさ、やさしさの中で、いつも心豊かに生きること、あるがままに気付くことです。気付いた時には悟ります。あれ、環境は前と何も変わってないなと。

板橋　そういう意味では、自分が自然と向き合うということじゃないんですね。生まれる以前から、そして生まれて死ぬまで、死んでからも自然の中に息づいているのです。自然と相対したなんていうのは勝手な自分の言い分であって、はじめから大自然のなかの存在なのです。

それを自然と一体になったとか何とかというのは、まだ一体でないところがあるから、そう言うのですね。海の中の魚が「おれは水の中で一体になっている」と力んでいたら、「お前、何を力んでいるのか」と言いたくなるでしょう。はじめから大自然の中に溶け込んでいるんですね。

ただ、普通、迷っているという段階のときは、「私は自然と対決している」と、自然がよそもので、魚が水と闘っているというようなものです。自分の頭の中で区別をつけているのです。転んでも、死んでも、生きても大自然の中、大宇宙の中ですから、それに気が付くことですね。

でも実際の修行は大変ですね。山歩きの中で自然と自分とは五分五分であるという話がございました。もう一度、具体的にお話くださいますか。

塩沼　行者は行に入ると、寝ている間の四時間だけは屋根のあるところで生活できますけれども、一日の大半は屋根のないところでの生活になります。暑いときには暑い、寒いときには寒い。嵐の日には嵐の中を、その大自然の厳しさの中で大自然の脅威と闘わなければならないときもあります。

そういう意味で時には生も死も五分五分です。自分が安全に、無事に帰ってくるためには何をしなければならないか。自分を守るのではありませんが、行も死んだら終わりです。「行者帰り」と言われる地名があるんです。役行者が大峯山に行ったときに、そこの坂まで来て帰ってしまった。なぜ帰られたかというと、これ以上行ったら生命にかかわるような危険があるということで引き返したんですね。

しかし引き返したということは負けではなくて、またもう一回行っているんです。二回目に行って、その坂を克服したんです。それで「行者帰り」という地名がついているのですけれども、生命の危険があるような場合には引き返す。でも決してあきらめずに最後までやり抜くということが、私たち行者のなかでは鉄則になっています。根気よく丁寧に行じていかなければならないということです。

千日回峰行を行じますと言ったのは自分であって、命懸けでしますと仏様にお誓いした以上は、理屈抜きにやらなければならないという厳しい掟、これが行者の世界です。その意味ではちょっと一般の常識とはかけ離れた部分があります。けれども、それも長い間の伝統であると思いますので、その定めに従って、私たちは行じていくだけなのです。

板橋　この「行者帰り」というのは非常に興味深いですね。あえてそこからは無理しないで戻る。しかしあきらめない。結局は越えていくのですが、いったんは帰ることもある。よく判断して積極的に帰ることですね。あえて無理をしないということでしょうか。

塩沼　ええ、明らかにみきわめるということです。

行を捨てる

板橋　阿闍梨さんの厳しい修行を通じて、せんじつめて「行《ぎょう》」とはどういうことでしょうか。こういう時代にどういう意味があるのか、一言で表現するとしたらいかがですか。

塩沼　そうですね、人間本来の姿、心のあり方、生き方を見出す、訪ねるということになりますでしょうか。

板橋　行を通して本来の人間のあり方のようなものを見出していくということですか。

塩沼　行は目的がきちんと明確でなければならないと思うんです。私の場合には千日とか日数の問題ではなく、自分の器を大きくする、それに目標を定めて行じてまいりました。

板橋　やはり目的は大切ですね。

塩沼　例えば、千日回峰行をします。千回歩きましたといって、何か社会的な価値があるでしょうか。

　これは余談になるのですけれども、以前、皇太子殿下が吉野の蔵王堂にいらっしゃいましたとき、管長様に「千日回峰行をしたらどうなるんですか」とお尋ねになられました。

そのときに「千日回峰行を満行した者は阿闍梨と呼ばれますが、社会的には何の価値もないものです」とお答えしておられました。

ですから、行をしたというだけでは何の意味もないのです。よく師匠から、行が終わったら行を捨てなさいと言われましたが、そういう肩書ですとか、そういうものをはなにかけたりするような生き方だけはしないようにということでしょう。ですから、自分自身を厳しく見つめ直していくことが一番の目的だと思います。

板橋　なるほど行を捨てる。これはなかなか大変なことだと思いますけれども。千日回峰行を満行なさって、そして行を捨てる。その行を捨てるというのは具体的にどういうことでしょうか。

塩沼　結局それを自慢するなということだと思います。千日回峰行とか四無行と言われると、人と変わった行です。人と変わったことをすることによって、人も変わった目で私を見ると思うんです。そういうときに、自分自身を見失うな、行じ終えて人として何が一番大切かということを改めて自分に問いなさい、原点に立ち返りなさい、そういう意味ではないでしょうか。

板橋　人と変わった行というか、普通の人にはできない行というか、極限の行ということだと思いますけれど。

塩沼　禅師様は坐禅という行をずっと長い間してこられて、行の意味をどのように考えていらっしゃいますか。

板橋　はじめは精神を統一させ、安定した心境になろうと努力しました。何が精神統一か模索し、試行錯誤《しこうさくご》を続けてきたようなものです。しかし、いつの間にか統一しようとすることも無駄な努力であったことがわかりました。ごくあたりまえに息していることですね。例えば読経《どきょう》ということで思い出すことがあります。私が初めて学生時代に坐禅をして、仙台のお寺の住職に聞いたときのことです。「何で毎朝わけのわからないお経を読むんですか。なぜ三拝、九拝して、金仏や木仏に向かって五体投地という礼拝をするのですか」と、私なりの素朴な質問をしたわけです。

住職は何か答えたけれども、耳に入らなかった。記憶にないんですね。ただ、私には受け付けない言葉だったんでしょうね。それで、私なりにやっているうちに、何だ、お経というのは意味がわかって読んでもよし、わからないで読んでもよし、ということがよくわかったわけです。

わかって読んでもいいが、できるならばわからんままに、ただ声を出して読むことが最高だと会得したのです。それ以後はお経の意味を尋ねる気がしないのです。腹の底から声を出してただ読むこと。それが読経という行です。

意味を考えるなら、このまま寝っ転がって読んでもいいんですよ（笑）。

塩沼　横になって寝っ転がっていてもいいと（笑）。

板橋　意味がわかるために読むのは、それは読書です。読経となれば声をはりあげて、ただ読むことです。それがいのちの発露です。頭を使わないことです。身体全体で行じているのが修行です。

そういう意味では行というのは、いのちそのものですね。「からだ」がわかっている、これが仏道のすべてです。

たとえば山を毎日往復する。しかし、本当の行のねらいといったら、身体を鍛えるわけでもない。淡々とやるだけなんです。それが本当の修行です。

はじめは幻覚が出てきたり、観音さんが出たりといろいろしたけれども、最後はそれすらも抜け落ちて、右足が素直で左足が謙虚ということだけになったと先ほどおっしゃいましたが、そこまでいけばおもしろいですね。敬服します。

それすらも忘れて「ただ歩いているだけだよ」「ただあそこまで行って帰ってきたのよ。疲れるね」と（笑）、ごく当たり前に、ごく自然にやれるのが本当の行だと思います。それが「宗教」です。

それを、「千日、千日」と力んでやっているようでは、行をやるために行をやっているんですね。そういうことも大事です。しかし行を抜けるというのは、執《とら》われの思いが離れることではないですか。宗教とか坐禅とは何ですかと聞かれたら、「ごく自然に息づいていることですね」としか言えませんね。

向上発奮する心

塩沼　行を重ねていくと、禅師様のおっしゃるように苦しみには変わりはないんですね。でも、苦しみ方が変わってくるのだと思います。

板橋　なるほど、この言葉が出て来るのは、ここまでやった人だからです。苦しみは変わらないけれども、苦しみの味わいが違うと。

苦しさはあっても、その苦しさが心の苦悶《くもん》にならない。悩みにならないと。さすがだと思います。とにかく愚痴《ぐち》をグチらないことですね。

塩沼　自分のああしたい、こうしたいという願望とか夢とかは、常にだれでもあると思うんですね。それが達成されて百点満点ですけれども、人生、必ず自分が思ったようにならないのが当たり前です。例えば一生懸命がんばっても五十点だったり、結果が七十点の時もあります。でも七十点でも、これがいま与えられたものだ。ゼロより七十点のほうがいいと感謝する。

だから、いろいろな現象に対して、起きてくる物事に対して感謝する気持ちを持つことです。そうすると不平不満を言わなくなりますね。人間というのは愚痴っぽいので、自分の思い通りにならないと不平を言いますからね。そうではなく感謝です。

板橋　どうしてもあれが悪い、これが悪いと言いたくなりますね。先ほどのお話で言えば、右足が素直で左足が謙虚、そういう一歩一歩が大切だということですね。

塩沼　期間と距離が長いと、どうしても人間というのは基本を忘れてくるんですね。感謝する気持ちというものがどうしてもなくなる。一歩一歩の繰り返し、その繰り返しで、だんだんそれができてくるようになるのではないでしょうか。何事も基本に忠実に、根気よく丁寧にということです。

板橋　一回一回の繰り返しですね。頭で考えずに「からだ」がわかっているところが宗教ですね。

塩沼　ええ、こうしたらいい、ああしたらいいと、どんどん余計なことを考えて頭でっかちになってくる。あれっと思ったときは、一番初めに、第一日目に山を歩き出した、そのときの純粋な気持ち、これに立ち返っていく、基本に返る。初心というのは一番大事だと思います。初心忘るべからず、です。

何でもそういう初心から入っていって、いろいろなことを覚えていって、また初心に戻るということの大切さはそこだと思うんですね。ですから、行が始まる前の発心《ほっしん》がすべて行を決めると思うんです。いかに純粋に、いかに目的をきちんと間違えず明確に持っているか。その発心が一番大事だと思います。菩提心《ぼだいしん》は日々培《つちか》っていくものだと思います。

板橋　自分ではうまく表現できなくても、何か自分なりの光明を求めていく、その積極さが、その人間の方向を決めていくのでしょうね。

塩沼　そう思います。小学校のときの自分と大人になったいまの自分というのは、あまり変わっていないような気がするんですね。人の性格、気持ちというのはなかなか持って生まれたものなので、そう簡単には治らない。やさしい人はいつまでたってもやさしいように、人の性格を変えるのはとても難しいことなんですけれども、生まれてから大人になるまでには、いろいろ無駄なものものついてくるわけです。

それを行によってそぎ落としていくんですね。子どもに帰っていく。それがまさに精進であって、混じり気がないということだと思うんです。そういうものが宗教の力といいますか、宗教心ということになるのではないでしょうか。

板橋　私はその人が何に感銘するかによって、その人の筋が決まるのだと思います。私ははじめ海軍の幹部を教育する兵学校に行きました。現代の「さむらい」を鍛えあげる学校でした。意気に燃えていました。戦争に負けて帰ってきて、身も心も空白の状態です。仙台の輪王寺に坐禅に行って、私はお坊さん以外に道はないと心から思いました。すでにそのとき、理屈じゃないですね。大学を卒業する人たちはどこに就職するか、みんな騒いでいましたが、私は就職のことにはまったく関心がありませんでした。

塩沼　そのときから、お坊さんになろうとされていたんですね。

板橋　ええ。それ以外ないと思っていました。葬式ひとつにしても、真心をこめていかにやるか。人は、いったい何に感激するのか、奮い立つのか、そこにその人のいのちの源泉があると思います。

いのち――風に舞うタンポポの綿毛

板橋　阿闍梨さんが小学校五年生のときに、テレビで比叡山の回峰行の酒井阿闍梨様を見て、このようになりたいと思ったという話は、先ほどもお聞きしましたけれども、それは偶然たまたまテレビで見たということですね。

塩沼　ええ。家族でこれを見ようかということで。

板橋　見ていて、ああなりたいと思われたというお話でしたね。

塩沼　ええ。これは理屈ではないですね。その瞬間そのとき、ぱっとそう思ったと言うしかありません。

板橋　やはり、そうですか。

塩沼　よくどうしてですかと聞かれるんですけれど、自分でもわからないです（笑）。でも、行をして、こうなりたい、ああなりたいという、そういう自己の何かを求めてはいけないと思うのです。禅師様がおっしゃっていたように、自然に、ありのままにと。それに尽きると思います。

板橋　酒井阿闍梨様を見て、私もああなりたいと思った、どうしてあのときそんなことを思ったのかということを考えることはありませんか。

塩沼　ないですね。すべていまの自分ですから。

板橋　そうですか。前生の因縁とか、そういうことは思われないですか。

塩沼　それはあるかもしれませんけれども、具体的にどういうときに感じますかと言われてもわかりません。行者としてのセンスというのですか、そういう資質のようなものはあるのではないかと思います。追いこまれれば追いこまれるほど、こういうときにはこうしよう、ああしようというひらめきですべて思いついて、自然に動いています。自分の仕事といったらおかしいですけれども、自分に与えられた天命というものを感じます。

板橋　なにげない気持ちで回峰行を見て感銘し、自分もあのような行者になりたいと思われたんですね。

塩沼　何しろ小学五年生でしたから。そのまま十八歳、十九歳になってお山に行くわけです。お寺の中も大人数が集まれば一つの団体、組織になりますので、集団生活です。世の中の矛盾というのですか、葛藤《かっとう》、そういうものにも直面せざるを得ません。山には矛盾はありませんけれども、人間が集まればいろんな矛盾がでてきます。

そんな中で、いろいろなことを通して、何で人間は、人生というのは平等ではないのか、いろいろ苦しんでいる人もあれば、幸せな人もいるということを思って、正直、悩んだときもありました。

そのときに山が教えてくれたんです。山から降りて、ちょうど午後一時から二時ぐらいだったと思うんです。夏のお天気のいい日の雨上がりでした。タンポポの穂があったんです。急に突風が吹いて、いっせいにタンポポの穂が飛んで行ったんです。

それをみたときに、道路のアスファルトの割れ目に入る種子もあれば、水たまりに落ちる種子もある。ちょうど具合のいい土に落ちる種子がある。同じタンポポから生まれても、風によって落ちるところはみんな別です。でもこれは、風ってすごい平等なんだなと思いました。

生まれ落ちたところ、それはだれが定めたものでもない。偶然のところにみんな落ちていく。人間もいろいろなところに縁を通じて、いろいろなところに生まれてくる。その与えられた環境のなかで生きていくわけです。

でも、お天道様は毎日同じように昇ってきて、万民に対して同じ時間、照らしてくれる。また同じように沈んでいく。空気も水も、みんな仏様は平等に授けてくださっている。

こんなことに気づかなかったのか。つまらんことにとらわれて、世の中の矛盾、そういうものに悩んでいた自分がとても小さく、恥ずかしくなりました。そんなことを覚えました。

やはりいろいろな中で人間というのは生きていかなければなりません。何度も同じことになりますけれども、不平不満もあまり言わなくていい。生き方次第で明るくもなるし、もののとらえ方次第で明るくもなる、幸せにもなる。行を通じていろいろなことを教えていただきました。

板橋　こうやってお会いしていますと、現在、三十八歳とお聞きしていますが、大変若々しくいらっしゃるので、二十代とまでは言わないにしても（笑）、人々から若々しいと言われませんか。

塩沼　老けていると言われるときと、若いと言われるときと半々ですね（笑）。

板橋　いのちということについてお話いただいていますが、行をしていて、そういったことについて何か強く触れる思いなどはございますか。

塩沼　人間はどこから来て、どこへ行くのかという問題は、これだけ科学が発達しても、文明が発達しても、また世の中のありとあらゆる書物を読んでも、明確に示してくれるものはございません。

しかし、どこから来てどこへ行くのかはわからなくても、大事なのは今なんです。人間というのは良いことと悪いことはだれでもわかっているんですね。良いことをすればみんな喜ぶし、悪いことをすればみんなに迷惑がかかる。だったら、みんなが手と手を取り合って、いろいろなことを思い煩うよりも、ありのままを受け入れて、自然に生きること、これが一番だと思うんですね。

いのちは大切にしなければなりません。この地球の歴史が五十億年とも言われていますが、それと比べたら人の一生なんて、七十年、八十年なんてあっという間です。ほんの一瞬です。辛さ、苦しさ、楽しさ、全て一瞬です。人は必ず死にます。その日、その時まで、いいことをして、やがて、お迎えが来たら胸を張って、あの世とやらに行けばいいのです。最後の一息まで大切にしなければなりません。誰ひとり天命のない人はいないのです。この世の中に不必要な人はいないのです。授かったいのちは、大切に感謝しなければなりません。

愚痴ることなかれ、ぶらりぶらりと

板橋　なかなかそういうふうに生きられない場合も多いと、つい愚痴《ぐち》を言いたくなることもありますけれども（笑）。阿闍梨さんでもつい愚痴めいた思いがするようなときがあると思うのですが、そういうことはあまりございませんか。

塩沼　ええ、昔はあったかもしれませんけれども、いまは因果応報《いんがおうほう》というのですか、やったことは必ず返ってくるということを自覚しておりますから、絶対に愚痴は言わないようにして、ありのままを受け入れ、急がず、焦らず、背伸びせず、大らかにのびのびと、というふうに変わってきました。

板橋　俗に煩悩《ぼんのう》とか言いますけれども、人間のあらゆる欲望だろうと、何だろうと、そのこと自体はかけがえのない、その人の因縁です。私はそれを出会いとも言っています。あらゆる出会いは善い悪いではないのです。かけがえのないその時の事実です。みんなすばらしいんです。どんなに煩悩といわれようと、それがあってこその、生きるエネルギーですから。

では何が煩悩かといったら、それを愚痴ることです。愚痴るというのは、人間だけですね。猫や犬は考えることがないですから悩みはないでしょう。腹が減ったとか寒いという苦しみはあります。しかし、その空腹感や寒さが悩みにならない。なぜかと言えば、それを考えないからです。私たちは考えるために、悩み苦しむんですね。

文明が進んでも、愚痴ることはなくなりません。それがなくなるわけではない。愚痴るというのは考えても仕方ないと思いつつ、グチグチと考えることです。おれはがんになったんだと愚痴る。がんになったら、ただ養生すればいいんです。がんという思いが思い苦しむんですから。

ですから、何が煩悩かと言ったら、愚痴ることです。そうすると、こういう質問が出るんです。考えても仕方がないことと、考えるべきことと、どうやって区別をつけるんですかと。

どのような結果になり、どんな出会いになっても、それを愚痴らないところが大切ですね。もし失敗しても、失敗という出会いですね。そういう判断は、心が落ち着き頭が静かになっていると自然に判断がつくのです。

塩沼　回峰行は無言の行なんです。山に入ってから帰って来るまで絶対にしゃべってはいけない。だけど、私はよく鼻唄《はなうた》まじりといいますか楽しく、そういうふうにしょっちゅう歩いていたんです。本当は無言の行なんですけれども（笑）。自分の中で行不退《ぎょうふたい》という、分かりやすく言えば、サムライのような強く激しい心と幼子のような純粋な心と、どちらもなければいい行はできません。そうでないと、山が、仏さまがささやいていることを感じとれないのです。

板橋　心の中で歌うのはいいでしょうね（笑）。リズムが大事ですからね。

そうやっていると心理的に無心になれるわけです。無心というか、グチグチ考えなくなるわけですね。グチグチ考えなくなるというのは、身体全体が生命の反応体になることです。身体が自然とひとつになって、身の奥から微笑みがわいてきます。

結局、修行というのは、グチグチ考える思考のさざ波を、だんだん鎮めていくことなんです。坐禅をしていると、自然な深呼吸になって、セロトニンというホルモンが分泌されて、あまりグチグチ考えないようになります。

自然にセロトニンが分泌されるような状況になるわけです。頭も身体も自由なニュートラルな状態になるのです。そんなときだったら、何を見ても輝いて見えます。だから鼻唄が出るのは当たり前でしょうね。

塩沼　ぶらり、ぶらり、そういうふうにして行じていかなければだめな部分があります。これは、怠ける、ぶらぶらするという意味ではなくて、江戸時代の天海僧正《てんかいそうじょう》が長生きの秘訣として、一に粗食、二に日湯、毎日お風呂に入る。三にぶらりぶらり、と。ぶらりぶらりというのは、思い煩うことなく、愚痴ることなく、ということです。精神的・肉体的ストレスを抱え込まず、ぶらりぶらりと行けるのが、長生きのもとだということです。

板橋　なるほど、うまいことをいわれる。ぶらりぶらりの精神ですね。軒下にかけられた風鈴が、風に揺られてチリンチリンと反応している様子です。私はそれをニュートラルと言いましたけれども、無気力ではないんです。無自覚でもありません。ごく自然に反応していることです。あたりまえに息づいていることです。これが「ほとけ」なのです。

塩沼　ええ。ただ強いだけではパキッと折れてしまうんですね。柳に枝折れなしと言いますが、強く硬い清々《すがすが》しさはもろくて、強くしなやかな清々しさがないと対応できないのです。

いま行を終えて

板橋　いま阿闍梨さんは、この仙台の奥の山歩きとか、そういうことをなさることはあるんですか。

塩沼　この付近はクマやイノシシなどが多いので、今のところ仙台では自重《じちょう》しております。

年に数回、修行僧と一緒に大峯山に登拝《とはい》するくらいです。
板橋　いまは、そういう行はなさっていらっしゃらないわけですね。
塩沼　ええ。いまは小僧時代のような生活に戻りました。
板橋　そういえば、作務《さむ》で畑で野菜を作っているというお話をうかがいましたけれど。
塩沼　昔ながらのお百姓さんが作っていたように、無農薬で、化学肥料を使わず、雑草もある程度そのままということで、みんな一緒に育ってもらおうと作っております。六百坪ほどあります。あまりにひどくなったら草を刈って、またその場に置いて畑のこやしにする。そういう作り方で、みんなで一緒にやっています。
板橋　六百坪だったら食べ物はほとんど間に合うのではないですか。
塩沼　ええ、十分に間に合います。じゃがいもなどは一年間食べられるくらいです。
板橋　その広さだと、そうとう忙しいですね。
塩沼　ええ、なかなか忙しいです。でも、上手にみんなで一緒にやっております。
板橋　作務の畑仕事以外には、普段どういう生活を送っておられますか。
塩沼　境内の掃除とお堂の掃除と、お客さんや近所の人が来たら縁側でお茶を飲んで、そういう生活を送っております。
板橋　境内も広いですから、お掃除もそうとう大変でしょうね。

塩沼　けっこうみんなで頑張ってやっております。ただ風が強いところですので、落ち葉が落ちても全部飛んでいってくれますので、これはありがたいです（笑）。

板橋　いま阿闍梨さまが目指していることは何ですか。

塩沼　いま、ひととおりの行が終わって、すごく変わったことといったら、人が好きになった、ということです。いろんな人との出会いがものすごく楽しくなったんですね。禅師様のようなすばらしい方々と出会ってお話をさせていただくことで、会うたびに何か一つ学ばせていただくことがある。

　近所の人でも、近所の子どもが遊びにきても、何か一つその人の持っているいいものを自分に取り入れさせていただきたいということで、人がものすごく好きになりました。また人と話すのが好きになり、そこからいろいろなものを学ばせていただくという楽しさを知ってしまったので、毎日が楽しくてしようがないという日々でございます。平気で四、五時間お話している時もあります。

板橋　いろいろな人が来られるでしょう。からだが疲れ切っているときの来客の応対も大変でしょうね。同情いたします（笑）。意識しなくても笑顔でいることは、あとからシンが疲れます。

塩沼　でも話が長くて、おそらく押し売りの方でも参ってしまうかもしれませんよ（笑）。

前にも言いましたが、私はこういう経験をしたことがあるんです。

行をしているときにどうしても理解できない人がいました。どうしても愛せない人がいました。会えばジンマシンが出るような。向こうもそう思っていたんでしょうけれども。正直申し上げて、千日回峰行、四無行を行じて、そういう人を受け入れるだけの、理解できるだけの器《うつわ》を得ましたか、克服できましたかといったら、それができませんでした。

でも、ある日、突然、何の理屈もなく出会ったときに、ふと「こんにちは」と声をかけたんです。「こんにちは」と返事は返ってきたけれど、あまりいい返事ではない。でも、いつもと違ってさらに声をかけたくなったんです。「これ、どうぞ」と、おみやげを渡したんです。それでもまだ、ぶすっとした感じでした。それでもまた声をかけたくなって、「今日は車で仙台から来たんですよ」と言ったときに、「ああそう」と、表情が若干やわらいでやさしい言葉になった。

そのときに、わずかゼロコンマ何秒の世界で、なるほど自分がいままでこの人を理解できなかったのは、この人を受けとめられるだけの器が自分になかったからだ。あなたを受け入れるだけの大きな器があったら、お互いぶつかることはなかったんだ。本当に「ごめんなさいね」と心の中で涙ながらに懺悔《さんげ》し、理屈抜きにその人を理解できて、愛することができたんです。

それから、すごくいろいろな人が好きになって、いろいろな人を理解しよう、いろいろなことを学ばせてもらおうという積極的な気持ちが、自分の中で起きたんですね。これは不思議なことでした。

ですから、世の中にはいやな人もいい人もたくさんいますけれども、この地球上でいま呼吸をしている人、すべての人がかけがえのないいのちであって、必要のない人はいないと思うんです。限られた出会いの中で、どんな人も受け入れることのできる器を持つことが一番大事なことなのではないかなと思います。自分にとっていやな人でも、きらいな人でも、自分の心の成長のためには大切な仏様のお使いかもしれない、そういう考え方ができるようになりました。

これができるようになること、これが私の行のテーマみたいなものでした。十人いたら十人みな平等におつきあいできてはじめて、お坊さんとして一人前、いや仲間入りだと思うんです。これがいま皆さんに一番お伝えしたいことなのです。

板橋　こうしてお会いして、いまの阿闍梨さんのイメージを申し上げますと、まさしく平成の良寛さんですね。

塩沼　いやいや、禅師様こそ良寛さんその人です。

板橋　これでは、お互いに「ほめ殺し」ですね（笑）。いまの良寛研究家はこう言います。

あの人は生来ひょうひょうとした性格だからとか、子どもが好きだとか、書がうまいとか、生まれつきの能力で見るんですね。それは生まれつきの素質はあったでしょう。しかし、その根元には、修行をして、いろいろな努力や苦労をして、解脱《げだつ》されているんですね。それを良寛さん自身は言わないのですけれども、やはり、根本的に悩みが解決したところがあるんです。

そうでないと、最後まで求道者《ぐどうしゃ》のままです。そういうのは岡山の玉島の円通寺時代で、一度脱《ぬ》け落ちたんですね。それからはごく当たり前の人になった。

解脱するということは、別な心境が出たということではないですよ。何かを求めることがなくなったのです。ごく当たり前になった。いままでは何か、「本当の仏法、本当の生き方」と、どこかで理念を描いているのですね。それがあるとき、ごく当たり前でいいではないか、何が不思議なことがあるか、とご自分を納得されるのです。

塩沼　禅師様ご自身もそういう体験をされましたか。

板橋　どうでしたかね、すっかり忘れましたけれど（笑）。はじめはどうしても、本当の生き方はこうあるべきだという「あるべき」姿を固定観念として抱くのです。いろいろ修行を重ねていると、そのような観念が脱け落ちて、ごくあたりまえの人になるのです。

一隅を照らす日々

板橋　阿闍梨さんはこうしてお話していると、お坊さんという雰囲気をあまり感じさせませんね。

塩沼　自分ではまったくわかりません。

板橋　でも、お坊さんであるという自覚はお持ちですね。

塩沼　ええ、多少は（笑）。

板橋　これからどういうふうに宗教者として生きていかれるお考えでしょうか。

塩沼　いままでは千日回峰行、その次は四無行、またその次は、八千枚大護摩供ということで行じさせていただきましたけれども、正直なところ、この先は全然、予測がつかないんです。しかし、いま改めて問われたときに申し上げたいのは、これから先、どうなるだろうかという心配もありませんし、いまは淡々と日々を大切に生きていくということしかございません。

今までは、千日回峰行にしても、四無行にしても、ある一定の期間の行ということで一生懸命でしたが、今は、呼吸という一息一息《ひといきひといき》を大切にするようになりました。

例えば、坐禅をしている一定の時間だけ呼吸を大切にしても、坐禅が終われば呼吸を大切にしないようなものです。そうではなくて、本を読んでいても、ご飯を作っていても、歩いていても、今という一息を大切にするようになりました。また普通にしていても、心がより仏様のほうを向いている時間が長くなったような気がします。

行じていた時は、目標とするものが遠くはるかかなたにあるものだと思っておりましたが、だんだん、こんな近くにあったんだと気づきはじめました。

それと、小学校のころから気になっていましたのが、宮沢賢治の「世界全体が幸福にならないうちは、個人の幸福はあり得ない」という一文です。

板橋　宮沢賢治はたしか岩手県の花巻出身でしたね。その宮沢賢治の言葉が昔からずっと心に残っていらっしゃったのですか。

塩沼　ええ。自分にも漠然と、そういう考えがありましたので。

板橋　宮沢賢治という人は、よく耳にしますが、どんな人でしょうか。

塩沼　世界全体が幸せになるというのは、ある意味では不可能に近いように思うんですね。ただそれをみんな心の中に置いて、世界というとすごく広いですけれども、それが自分の国であったり、あるいは家庭であったり、そこに気づいた人が、自分の周りからみんなと一緒に幸せになっていく。そういうふうにして、すこしずつでも実現していく。そうしないと、いっぺんには実現できないことでしょうね。

そういう身近な他者の幸せを考える人が、いまは非常に少なくなったでしょう。家庭を思う人も、国を思う人も少なくなったですね。

そうであればなおさらのこと、「一隅《いちぐう》を照らす」という言葉は、伝教《でんぎょう》大師《だいし》が残された言葉ですけれども、そんなふうに自分が自分のできる範囲内で与えられた仕事を淡々とこなす。みんな世界全体が、と一気にやろうとしても、それは声を大にして言っても無理なことですから。

仏様なら奇跡を起こして変えてくれるはずですが、それをしないというのは人間の自主性を重んじてくれるからだと思うんです。でも、そんななかで偶然のように私たちのいのちがある。それは何かここに意味があって、いま生まれてきていると思うんです。その意味を一人ひとりが自分自身に問いただしていったときに、何か答えが見つかるのではないでしょうか。

みんな心の時代と言いますけれども、それがわかっていながら動き出そうとしないんです。これが問題なんです。物質文明があまりにも豊かになったために、人間が人間の欲望を満たすために必要なことだけを考えて、寒いときは温かく、スイッチ一つで全部、与えられるようにしてきたんですね。ですから現代人は与えられることに慣れてしまった。

そうではなくて、それを与える側に。人から愛されるより人を愛していく立場に。自分の夫であったり、子どもであったり、愛情なり、友情なり、そういうものを深く、みんなで何か一歩前に進んでいかないといけない時代だと思うのです。

声を大にして何かを叫ぶより、一隅を照らすことを淡々と、ですね。そして背中には、世の中の人がみんな幸せになるようにという願いをもって。

板橋　自利行、利他行、菩薩行《ぼさつぎょう》という言葉があります。いまお話をうかがっておりますと、まさに「ほとけ」の行ですね。私まで明るくなりました。

塩沼　私たちの一番の師匠であるお釈迦様も、ある日突然、自分の地位やら名誉やらをすべて捨てて森の中に入られました。六年間苦行されますけれども、それも全部捨ててしまいます。苦行には意味がないと。で、菩提樹の下で悟りを開かれる。悟りを開かれて、皆さんのためにということで遊行《ゆぎょう》の旅に出られます。

苦行を捨てたということは、苦行に意味がないわけではなくて、それは大変なこやしだと思うんですね。自利行、利他行、菩薩行、その意味をしっかりとお釈迦様は体得されて、最後に、出会う人によって自分も磨かれる。

禅師様が言われるように、いいことを言う人ばかりでもないし、悪いことを言う人ばかりでもない。いいことにも悪いことにも耳を傾けながら、自分自身の悪いところを一つ一つ改めながら、これが最後の一息まで続くと思うんですね。最後の一息まで私たちは修行なんだと思います。

これからの時にむけて

板橋　それは私もまったく同感ですよ。しかし、阿闍梨さんが小学校のときから宮沢賢治の言葉に感激するというのはやはりすごいと思いますね。私などは、偉い政治家や軍人さんに関心を持っていましたからね。

仙台の秋保《あきう》温泉はとても有名ですが、それとは別に秋保はやがて名所になるでしょう、知る人ぞ知るというような。私はそうなると思います。いつになるかはわかりません。そういうときがきっと来ると、私は思います。

良寛さんが修行したのが岡山の玉島です。その当時、誰も知らないのに、いまは倉敷の駅に良寛さんの銅像まで立っている。秋保といえば、「ああ、あの阿闍梨さんのところですね」と。いまはまだこのへんの人もほとんどご存じないようです。いまのところは縁のある人が全国から来ていますが、それがこの近くの人々にも徐々に広がります。もう十年したら、このへんの人はみんな知ります。

塩沼　大農園かなにかで来るかもしれません（笑）。

板橋　そうですよ（笑）。いまの仏教界にはそういう人がいないんですね。宗門的には偉い人はいくらでもおりますが、一般の人たちが、子どもたちまで慕ってくるような、「お坊さん」と呼びかけられるような人が少ないのですね。

ところが、これは本人の前で言うのは気が引けるのですけれども、いろいろな人が出てくるでしょうから、ますます自重して控えめになさってください。私は自分が控え目ではないものだからあえて言いますが（笑）、控えめにしてください。あまり人が来ても喜ばないようにして、じわっとやっていただきたいというのが、私からの願いです。

作物を作るのでも、土壌を作ることが根本ですからね。果実を売るための努力をする人はいますけれども、まず土壌を作ることからです。いままでの修行は土壌を作ってきたわけです。あらゆるところを掘り返して、堆肥《たいひ》や何かを施して、いままさに耕地を拡げようとしているところだと思います。

いろいろなことが出てくると思いますから、身体に気をつけてください。もし別れたお父さまとお目にかかれる時がありましたら、優しく親孝行してあげてくださいね。私からもお願いです。もうどうか無理をなさらないように。

塩沼　はい、わかりました。

板橋　最後に一言付け加えますが、人間というものは、上向いて調子づいたときにその人の真価が問われます。どんどんお金が入ってきたり、いろいろ身に付いてくるときに、その人の本質が問われます。ですから、どうか自重し、万事、控えめになさってください。

私はつねづね思っているのですが、時代が人を育てるのだと思います。例えば千年以上も昔には、奈良仏教があった。その時代に必要な立派なお坊さん方が出ました。平安時代になると、最澄や空海という名僧が出て、比叡山や高野山が盛んになりました。

さらに、鎌倉時代になると、法然、親鸞、一遍、道元、日蓮、それに臨済の祖師方が時を同じくして活躍されました。時代がそういう坊さん方を要請したのでしょう。

日本が戦争に敗れて貧困を極めた時代には、お金や物でしあわせになる宗教、いわゆる現世利益《げんぜりやく》の宗教が盛んになりました。敗戦から立ち上がった現代の日本は、物が豊かで恵まれた時代になりました。しかし、物が足りて、心が貧しい時代となりました。物やお金だけでは人間の心は救われないことに、こころある人々は気づきはじめました。

今までの日本は、時代の変わり目ごとに傑出した人々が輩出して、日本を守ってきました。時代の要請に応える人々が出てきました。そこが日本の底力です。

阿闍梨さんを救世主だなどとは言いませんよ。しかし、若い世代に期待の持てる人々が出現することを予感させてくれますね。兆候が見えてきた感じがします。

大峯山の荒行のことをお聞きしているうちに、無理のない修行の大切さを語り合いました。そして「ごく自然に」生きることに「ほとけ」の道があり、宗教の根源があることに、感慨がひとつになりました。こんな嬉しいことはありません。なんとなく日本の新しい光が見えてきた感じを抱かせてくれます。どうかお身体に気をつけてご精進《しょうじん》してください。

おわりに

プロローグでも触れたことですが、私が塩沼阿闍梨《あじゃり》さんの新聞記事を読んだのは、今から八年ほど前だったでしょうか。そのころ横浜の大本山総持寺《そうじじ》の住職をしておりました。その記事を切抜き、拡大コピーして廊下に張り出しました。しかし、その記事に関心を示した修行僧は一人もおりませんでした。

私は、どういうわけか阿闍梨さんのことが忘れられず、吉野山の金峯山寺《きんぷせんじ》の住所をしらべ手紙を出しましたが、返事はありません。

それから四年ほどあとに、仙台市におられることを知り、ふたたび手紙を出しました。いわば二度ラブレターを出しても、「ふられ」てしまいました。

その後、天台宗の住職の紹介でお目にかかる機会に恵まれました。それからは、年齢のへだたりも忘れて、親しくおつき合いをさせていただいております。

あの当時、七十歳を過ぎた老僧が、なぜ三十歳そこそこの若い修行僧に熱い思い込みをしたのでしょうか。

以前から比叡山の酒井雄哉阿闍梨さんの「千日回峰行《せんにちかいほうぎょう》」のことを知り、人間の範囲を超えた猛修行ぶりに、畏敬の念を抱いておりました。

それを若い青年僧、しかも同郷の仙台出身の僧がやり抜いたことに驚き、深い敬愛の念を抱きました。

私が五十数年前に志を立てて僧の身となりながら、わが身の現実の生活ぶりに悔恨の念がくすぶっていたのです。この自責の念が、この青年僧に傾倒する衝動に火をつけたものと思います。

私が阿闍梨さんと親しくお話し合いをして学んだことは、「弱音を吐いてはいかん」ということです。身も心も追い込まれれば追い込まれるほど、攻めの姿勢でたち向かわなければいけないということです。

私も八十歳になります。たくさんの薬をのみ、病院通いをつづけています。しかし、「老人だから、病気だから……」ということを言葉にしないように努力しています。

しかし、つい弱音を吐いてしまいます。でも、どれほど愚痴《ぐち》が洩れても、グチをグチらない努力をしたい、そう決意しています。これが阿闍梨さんに出会えて得た、最高の功徳《くどく》です。

阿闍梨さんのような青年僧がおられることを知り、この日本の将来にも希望が持てる明るい気持ちになりました。ありがとうございます。嬉しいです。
最後になりましたが本書の刊行にあたり、春秋社社長の神田明氏、同編集部の佐藤清靖氏ほか、多くの皆さまのお世話になりました。こころから感謝申し上げます。

二〇〇七年一月吉日

板橋興宗

塩沼亮潤（しおぬま　りょうじゅん）

1968年、仙台市に生まれる。

1987年、東北高校を卒業後、吉野の金峯山寺で出家得度。修行と研鑽の生活に入る。

1991年、大峯百日回峰行満行。

1999年、大峯千日回峰行満行。

2000年、四無行満行。

2006年、八千枚大護摩供満行。

現在、仙台市・慈眼寺住職。吉野一山・持明院住職。大峯千日回峰行大行満大阿闍梨。

板橋興宗（いたばし　こうしゅう）
1927年、宮城県多賀城の農家に生まれる。
1953年、東北大学宗教学科を卒業後、渡辺玄宗禅師について禅門に入る。その後、武生市・瑞洞院住職、金沢市・大乗寺住職、大本山総持寺貫首、曹洞宗管長などを歴任。越前市・御誕生寺住職。2020年7月、遷化。
著書に、『〈いのち〉をほほ笑む』『混沌に息づく――禅の極意』『〈呼吸〉という生き方』（共著）『からだに訊け！――「禅的生活」を身につける』（共著）など。

本書の塩沼阿闍梨の御印税は、生活困窮者支援のために寄付されます。

大峯千日回峰行——修験道の荒行

二〇〇七年三月一五日　第一　刷発行
二〇二三年三月三〇日　第一七刷発行

著　者　塩沼亮潤・板橋興宗

発行者　神田　明
発行所　株式会社春秋社
東京都千代田区外神田二―一八―六（〒一〇一―〇〇二一）
電話（〇三）三二五五―九六一一　振替〇〇一八〇―六―二四八六一
https://www.shunjusha.co.jp/
印刷所　萩原印刷株式会社
装　丁　本田　進
定価はカバー等に表示してあります。

ISBN978-4-393-13540-2